Das schnelle

# Küche Kochbuch FÜR ZWEI

**100 köstliche und einfache Turborezepte für jede Tageszeit und jeden Anlass. Inkl. Lebensmittelguide, Nährwertangaben und Meal Prep Ratgeber**

# Inhaltsverzeichnis


## Einleitung 5

## Lebensmittel-Guide 6

## Tipps zum Vorkochen 9

## Auf was soll beim Aufbewahren gekochter Lebensmittel geachtet werden? 12

## Frühstück 15

Paprikarührei 16
Spiegelei-Toast 16
Omeletts mit Paprika und Thunfisch 18
Pfannkuchen mit Obstsalat 18
Cloud Eggs 20
Rosinenbrot mit Frischkäsecreme 20
Quinoa-Porridge mit Obst 22
Obstsalat mit Pistazien und Ahornsirup 22
Bauernfrühstück 24
Klassisches Porridge 24
Mandel-Hafer-Brei mit Mango 26
Müsli mit Bananen und Kokos-Joghurt 26
Bananen-Pancakes mit Heidelbeeren 28

## Vorspeisen und Salate 31

Quinoa-Salat mit Feta 32
Tatar vom Lachs 32
Zucchiniröllchen al Tonno 34
Birnen-Nuss-Crostini 34
Puten-Carpaccio 36
Blattsalat mit Ziegenkäse 36
Salat mit Maultaschen 38
Mango-Feta-Salat 38
Melonen-Schinken-Tatar 40
Fisch-Avocado-Tatar 40
Salat mit Papaya-Parma-Salsa und Büffelmozzarella 42
Salat mit Nektarinen 42
Tortellini-Salat mit Pesto 44

## Suppen 47

Grünkohl-Minestrone 48
Kokos-Suppe mit Shrimps 48
Kokos-Tomaten-Suppe 50
Linsensuppe 50
Maissuppe 52
Kartoffelsuppe mit Speck 52

Zucchinisuppe mit Gorgonzola 54
Asiatische Karotten-Paprika-Suppe 54
Blumenkohl-Kokos-Suppe 56
Zucchini-Pastinaken-Suppe mit Speck 56
Rote-Bete-Suppe 58
Brokkoli-Suppe mit Kichererbsen 58
Süßkartoffel-Karotten-Suppe 60

## Hauptmahlzeiten – Fleisch 63

Hackbällchen-Spinat-Pfanne 64
Käsespätzle mit Speck 64
Kasseler auf Rahmporree 66
Hähnchen-Reis-Pfanne 66
Gnocchi mit Speck und Radicchio 68
Tortillas mit Hack 68
Mac and Cheese mit Speck 70
Pizza di Parma 70
Senfhähnchen mit Erbsen 72
Beefsteak-Streifen mit Paprikasauce 72
Bolognese mit Ziegenfrischkäse 74
Schupfnudelpfanne 74
Jägerpfanne 76

## Hauptmahlzeiten – Fisch 79

Gnocchi-Pfanne mit Lachs 80
Nuss-Lachs mit Pellkartoffeln 80
Couscous-Garnelen-Pfanne 82
Lachs-Burger mit Spargel 82
Zanderfilet mit Avocado-Hüttenkäse-Salat 84
Zucchini-Fisch-Pfanne 84
Lachsfilet auf Kohlrabi 86
Fisch-Stew 86
Kabeljaufilet in Tomatensauce mit Chorizo 88
Bandnudeln mit Lachs-Frischkäse-Sauce 88
Fisch-Ragout mit Karotten und Chili 90
Matjesfilet in Schmandsauce 90
Glacierter Lachs auf Bratreis 92

## Hauptmahlzeiten – Vegetarisch 95

Shakshuka 96
Spaghetti al Finocchio 96
Kokos-Curry-Pfanne mit Tofu 98
Curry-Bowl 98
Erbseneintopf mit Tofu 100
Spaghetti mit Spargel 100
Gnocchi mit Spinat und Karotten 102
Spinat-Tagliatelle 102
Gemüsetortilla 104
Blumenkohl-Pfanne mit Kichererbsen 104
Zucchini-Gröstl mit Ei 106
Nudel-Eintopf mit Gemüse 106
Vegetarische Spaghetti Bolognese 108

## Hauptmahlzeiten – Low Carb 111

Spinat-Pilz-Omelett 112
Hähnchenspieß auf buntem Gartensalat 112
Omelett mit Linsen 114
Fischfilet in Senfhülle 114

Hähnchen-Curry 116
Spiegeleier auf Tomaten und Chorizo 116
Hähnchenfilet in Orangensauce 118
Steak-Avocado-Pfanne 118
Paprika mit Pute gefüllt 120

## Desserts und Nachspeisen 123

Heidelbeer-Quarkstreifen 124
Tassenbrownie 124
Karottenkuchen aus der Tasse 126
Butterkuchen mit Kirschkonfitüre 126
Erdbeer-Joghurt-Creme mit Müsli 128
Espresso-Creme 128
Bananen-Ananas-Gratin 130
Friesencreme 130
Himbeer-Cookie-Trifle 132
Schokokuss-Creme mit Mandarinen 132
Chocolate-Chip-Becher 134
Grießbrei brûlée mit Orangen 134
Nutella-Mousse mit Pistazien 1364

# Einleitung

Stundenlang in der Küche stehen? Nicht jeder hat die Zeit oder die Lust dazu.

Genau für diese Personen wurde dieses Kochbuch geschrieben. Hier finden Sie nur Rezepte, die schnell und einfach nachgekocht werden können. So haben Sie mehr Zeit für wichtigere Dinge.

Die Rezepte wurden alle so ausgewählt, dass dafür maximal 30 Minuten Ihrer Zeit beansprucht werden. Auch sind alle Rezepte genau für 2 Personen berechnet. Zusätzlich dazu befinden sich auch bei jedem Rezept die dazugehörigen Nährwertangaben, welche pro Portion angegeben sind.

Für einen besseren Überblick wurden die Rezepte in Frühstück, Vorspeisen & Salate, Suppen, Hauptmahlzeiten und Desserts unterteilt. Die Hauptgerichte wurden wiederum in Fleisch-, Fisch-, vegetarische und Low-Carb-Gerichte unterteilt.

# Lebensmittel-Guide

## Diese Lebensmittel sollten Sie täglich zu sich nehmen:

### 1. Brokkoli

Brokkoli macht wortwörtlich glücklich. Er enthält viel Vitamin B6, welches gegen Ängste, Stress und Depressionen hilfreich sein kann. Zusätzlich dazu unterstützt es die Synthese von Neurotransmittern wie Dopamin, die im Gehirn die sogenannten Glücksgefühle auslösen. Neben Vitamin B6 enthält Brokkoli auch jede Menge Kalzium, Eisen, Folsäure, Magnesium, Vitamin C, Vitamin A und Kalium.

### 2. Grüner Tee

Vor allem die im grünen Tee enthaltenen Catechine haben einen positiven Effekt auf unseren Körper. Catechine sind sekundäre Pflanzstoffe, die antioxidativ wirken. Sie hindern „freie Radikale" daran, unsere DNA zu beschädigen. Zusätzlich dazu macht grüner Tee wach und stimuliert die Wärmebildung in unserem Körper. Ein kleiner Zusatz ist, dass die Bitterstoffe im Tee den Heißhunger auf Süßigkeiten hemmen.

### 3. Leinsamen

Leinsamen zählen zu den erstklassigen Omega-3-Lieferanten. Diese Fettsäuren werden unter anderem für die Verwertung von Eiweiß, für den Zellstoffwechsel und für die Produktion von Hormonen benötigt. Aber auch das Herz wird damit geschützt und das Immunsystem gestärkt.

### 4. Heidelbeeren

Heidelbeeren enthalten viele Antioxidantien, welche die Zellen vor „freien Radikalen" schützen und der Hautalterung entgegenwirken. Das ebenfalls enthaltene Vitamin C fördert die Kollagenproduktion, was die Haut straff wirken lässt. Ein weiterer kleiner Vorteil ist, dass Heidelbeeren sehr kalorien- und zuckerarm sind.

### 5. Eier

Das Ei lässt sich nicht nur beim Kochen vielseitig einsetzen, sondern verfügt auch über viele nützliche Inhaltsstoffe. Besonders das Eigelb weist viele lebenswichtige Nährstoffe auf, wie zum Beispiel Cholin. Dieses soll das Brustkrebs-Risiko senken. Aber auch Vitamin D, Vitamin B12 und Vitamin A sind im Ei enthalten. Zusätzlich dazu sind Eier ideale Lieferanten für Proteine.

### 6. Äpfel

Bei Äpfeln ist es wichtig, dass Sie die Schale mitessen, denn sie enthält drei Viertel der Ballaststoffe und Antioxidantien. Aber auch unzählige Vitamine, Spurenelemente und Mineralstoffe wie Kalium sind im Apfel enthalten. Wie die Heidelbeeren ist ein Apfel sehr kalorienarm und perfekt für den kleinen Hunger zwischendurch.

### 7. Blumenkohl

Blumenkohl ist ein wichtiger Lieferant für Antioxidantien. Aber auch viele Ballaststoffe sind darin enthalten. Diese regulieren die Verdauung und fördern die Darmgesundheit.

## 8. Haferflocken

Haferflocken sind zwar nicht besonders kalorienarm, jedoch halten sie den Blutzuckerspiegel über einen langen Zeitraum konstant. Sie enthalten darüber hinaus viele wichtige Proteine, Ballaststoffe, Vitamine und Mineralstoffe.

## 9. Hochwertige Öle

Qualitative Öle wie Oliven-, Lein- oder Rapsöl dürfen in Ihrer Küche auf keinen Fall fehlen. Vor allem natives Olivenöl verfügt über viele Omega-9-Fettsäuren, die das Herz und die Gefäße schützen. Aber auch sekundäre Pflanzenstoffe und Antioxidantien sind vorhanden und wirken vorbeugend gegen Krebs und Alzheimer.

## 10. Getrocknete Tomaten

Getrocknete Tomaten enthalten vor allem Lycopin. Dieses gehört zu den sekundären Pflanzenstoffen und schützt die Blutgefäße. Es verringert zudem das Risiko für zahlreiche chronische Krankheiten wie Krebs oder Herzkrankheiten.

# Tipps zum Vorkochen

Um noch mehr Zeit zu sparen und nicht täglich kochen zu müssen, gibt es das sogenannte „Meal Prep". „Meal Prep" bedeutet nichts anderes, als Essen vorzukochen. So können Sie für 3 oder sogar 7 Tage Essen vorkochen und müssen es anschließend nur mehr auf dem Herd, im Backofen oder in der Mikrowelle erwärmen.

Worauf Sie dabei achten sollten, erfahren Sie anhand der nachstehenden 10 Tipps:

## 1. Einen Tages- oder Wochenplan erstellen

Gerade am Anfang kann es oftmals schwerfallen, den Überblick zu behalten. Ein Wochenplan kann hierbei sehr hilfreich sein. Setzen Sie sich dafür einfach am Ende der Woche hin und überlegen Sie sich, was Sie die nächste Woche gerne essen würden. Diese Gerichte können Sie dann in einen Kalender oder auf eine Pinnwand schreiben.

## 2. Ähnliche Zutaten für mehrere Gerichte verwenden

Um nicht zu viele verschiedene Lebensmittel einkaufen zu müssen, ist es ratsam, aus bestimmten Zutaten mehrere Gerichte zu zaubern.

### 3. Alle Zutaten auf einmal einkaufen

Damit Sie alles in einem Zug vorbereiten können, ist es sinnvoll, alle Zutaten auf einmal einzukaufen. Am besten erstellen Sie aus dem Wochenplan gleich eine Einkaufsliste, so vergessen Sie nichts.

### 4. Beim Befüllen Ordnung halten

Um nicht zu viel Geschirr zu verschmutzen und zusätzlich Zeit zu sparen, sollten Sie darauf achten, was genau Sie für die Gerichte benötigen. Wenn Sie zum Beispiel öfter Zwiebelwürfel brauchen, dann können Sie alle Zwiebelwürfel auf einmal vorbereiten. Wenn Sie für mehrere Gerichte gebratenes Fleisch verwenden, können Sie dieses zum Beispiel in derselben Pfanne anbraten.

### 5. Die Mikrowelle zur Hilfe nehmen

Nicht nur fürs Erwärmen, sondern auch fürs Kochen ist die Mikrowelle ein wahrer Helfer. In ihr lässt sich zum Beispiel problemlos Reis kochen. Geben Sie dazu einfach die gewünschte Menge Reis und Wasser in ein mikrowellengeeignetes, hohes Geschirr und kochen Sie den Reis in der Mikrowelle auf höchster Stufe ca. 12 bis 15 Minuten. Wenn gerade alle Herdplatten besetzt sind, können Sie das Gemüse auch in der Mikrowelle garen. Geben Sie dazu einfach das Gemüse und etwas Wasser in ein Mikrowellengeschirr mit Deckel und kochen Sie es, bis es gar ist.

### 6. Mehr kochen als geplant

Wenn Sie bereits am Vorkochen sind, können Sie auch gerne einmal eine Portion mehr kochen und diese in der Gefriertruhe aufbewahren. Sie dient sozusagen als Notfallportion für besonders stressige Tage.

### 7. Gewürze nicht vergessen

Viele schrecken oftmals vom Vorkochen zurück, weil sie der Meinung sind, dass alle Gerichte ähnlich schmecken. Wenn Sie unterschiedliche Gewürze verwenden und mit diesen großzügig umgehen, werden Sie sehen, dass auch aufgewärmte Gerichte lecker schmecken können.

### 8. Mit dem richtigen Zubehör kochen

Achten Sie darauf, dass Sie zum Vorkochen passendes Equipment verwenden. Besonders gut geeignet sind dafür Pfannen und Töpfe, die über ein großes Fassungsvermögen verfügen. Aufbewahrungsboxen für die fertigen Gerichte sind ebenfalls notwendig. Diese sollten gefrier- und mikrowellentauglich sein. Zum Vorbereiten der Zutaten sind oftmals viele kleine Schüsseln erforderlich.

### 9. Wenn möglich, Produkte aus der Tiefkühlabteilung verwenden

Um Zeit zu sparen, können Sie bereits fertige Gemüsemischungen aus der Tiefkühltruhe verwenden. So bleibt Ihnen das Putzen und Schneiden des Gemüses erspart. Achten Sie hier jedoch darauf, dass es sich um reines Gemüse ohne Zusatzstoffe handelt.

### 10. Liebe darf trotzdem nicht fehlen

Da das Auge bekanntlich mitisst, sollte ein wenig Liebe nicht fehlen. Nur weil das Essen nur aufgewärmt wird, können vor dem Verzehren trotzdem ein paar frische oder getrocknete Kräuter das Gericht garnieren. So sieht das Essen gleich viel appetitlicher aus!

# Auf was soll beim Aufbewahren gekochter Lebensmittel geachtet werden?

Viele sind der Meinung, dass gekochte Lebensmittel viel länger haltbar sind als rohe. Aber auch wenn beim Kochen Keime abgetötet werden, ist diese Vermutung leider nicht richtig. Die meisten gekochten Lebensmittel halten nur um die 3 Tage. Und wie bei vielen anderen Dingen ist es nicht unbedingt so, dass verdorbene Gerichte auch unangenehm riechen müssen.

Folgende Lebensmittel sind unter der richtigen Aufbewahrung ungefähr so lange haltbar:

- Nudeln: 3-4 Tage
- Kartoffeln: 3 Tage
- Reis: 2 Tage
- Suppen und Eintöpfe: 2-3 Tage (Achtung: Pilzsuppen lieber nach 1 Tag aufbrauchen)
- Fleischgerichte: bis zu 5 Tage (gut verpackt)

Damit die Lebensmittel nicht zu schnell verderben, kann die richte Aufbewahrung helfen. Folgende Tipps sollten dafür beachtet werden:

- Das Gericht nach dem Kochen ausreichend abkühlen lassen – aber nicht länger als 2 Stunden ungekühlt lassen.
- Nicht den heißen Topf in den Kühlschrank stellen. Lieber in Tupperdosen oder Schalen umfüllen.
- Bei längerer Aufbewahrung lieber einfrieren.
- Den Kühlschrank regelmäßig reinigen. So wird der ideale Nährboden für Bakterien und Keime verhindert.

# Frühstück

# PAPRIKARÜHREI

| KH 7 g | EW 16 g | F 18 g | 270 kcal |
|---|---|---|---|

## ZUTATEN

- ½ Zwiebel
- ½ rote Paprikaschote
- ½ gelbe Paprikaschote
- 1 ½ Tomaten
- 1 EL Öl
- Salz
- Pfeffer
- Zucker
- 2 Stiele Thymian
- 2 Stiele Petersilie
- 4 Eier

## ZUBEREITUNG

1. Schälen Sie die Zwiebel und schneiden Sie sie in feine Streifen. Paprika waschen und ebenfalls in Streifen schneiden. Tomaten waschen und in Spalten schneiden.
2. Erhitzen Sie das Öl in einer Pfanne und dünsten Sie darin die Zwiebel an. Paprika hinzufügen und weitere 6 Minuten dünsten lassen. Tomaten unterrühren und mit Salz, Pfeffer und Zucker abschmecken. Weitere 4 Minuten schmoren lassen.
3. Unterdessen Thymian und Petersilie waschen und die Blätter fein hacken. Eier verquirlen, mit Salz und Pfeffer würzen, über das Gemüse gießen und stocken lassen. Anrichten und mit den Kräutern verfeinern.

25 min | einfach | 2

# SPIEGELEI-TOAST

| KH 15 g | EW 13 g | F 17 g | 270 kcal |
|---|---|---|---|

## ZUTATEN

- ½ Bund Schnittlauch
- 4 Scheiben Vollkorntoastbrot
- 8 Scheiben Bacon
- 2 TL Butter
- 4 Eier
- Pfeffer
- 1 EL Ahornsirup, zum Beträufeln

## ZUBEREITUNG

1. Waschen Sie den Schnittlauch und schneiden Sie ihn in feine Röllchen. Stechen Sie aus jeder Toastbrotscheibe in der Mitte einen Kreis heraus.
2. Geben Sie den Bacon n eine Pfanne und braten Sie ihn darin knusprig. Anschließend herausnehmen und warm stellen. Nun 1 TL Butter in die Pfanne geben und je 2 Brotscheiben und 2 Brotkreise hineingeben. Schlagen Sie die Eier in die ausgestochenen Kreise hinein.
3. Die Eier bei schwacher Hitze stocken lassen. Danach wenden und noch einmal kurz anbraten. Mit etwas Pfeffer würzen und warm stellen. Mit den restlichen Brotscheiben und Brotkreise wiederholen.
4. Brote zusammen mit den Kreisen und dem Bacon anrichten. Mit Ahornsirup und Schnittlauch verfeinern.

30 min | einfach | 2

# OMELETTS MIT PAPRIKA UND THUNFISCH

| KH 6 g | EW 36 g | F 33 g | 470 kcal |
|---|---|---|---|

## ZUTATEN

- 1 Dose Thunfisch im eigenen Saft
- ½ Glas geröstete Paprika
- 1 Knoblauchzehe
- 20 g Parmesan
- 2 EL Öl
- 4 Eier
- Salz
- Pfeffer
- 2 EL Olivenöl
- ½ Stiel Thymian

## ZUBEREITUNG

1. Gießen Sie den Thunfisch ab und zerzupfen Sie ihn. Paprika abtropfen lassen und in feine Streifen schneiden. Knoblauch schälen und anschließend fein hacken. Parmesan mit Hilfe des Küchenhobels fein reiben.
2. Erhitzen Sie 1 EL Öl in einer Pfanne und braten Sie darin die Paprika an. Knoblauch unterrühren und ebenfalls anbraten. Herausnehmen und in eine Schüssel geben. Den Thunfisch und die Hälfte des Parmesans dazugeben.
3. Die Eier trennen und das Eiweiß steif schlagen. Mit etwas Salz und Pfeffer abschmecken und unter die Thunfisch-Masse heben. Erneut einen 1 EL Öl in der Pfanne erhitzen und darin die Hälfte der Omelett-Masse anbraten, bis die Eier gestockt sind. Anschließend auf ein Teller geben und 2 Eigelbe darauf platzieren. Im Backofen warmhalten, bis die anderen Omeletts fertig sind.
4. In der Zwischenzeit den Thymian waschen und die Blätter grob hacken. Thymian und Parmesan darüber streuen und servieren.

25 min | einfach | 2

# PFANNKUCHEN MIT OBSTSALAT

| KH 76 g | EW 10 g | F 23 g | 560 kcal |
|---|---|---|---|

## ZUTATEN

- 1 EL Butter
- 71 g Mehl
- ¼ TL Backpulver
- 28 g Zucker
- ½ Pck. Vanillezucker
- 1 Prise Salz
- 1 Ei
- 114 ml Milch
- ½ EL Butterschmalz
- 71 g Vollmilch-Kuvertüre-Chips
- ½ Banane
- ½ Apfel
- ½ Orange
- ½ Kiwi
- 1 EL Orangensaft
- ½ EL Honig

## ZUBEREITUNG

1. Schmelzen Sie die Butter. Vermischen Sie das Mehl mit dem Backpulver, Zucker, Vanillezucker und Salz. Schlagen Sie die Eier auf und verquirlen Sie sie mit einem Schneebesen. Geben Sie die Milch und die geschmolzene Butter zu den Eiern und rühren Sie die Mehl-Mischung nach und nach unter.
2. Geben Sie das Butterschmalz in eine beschichtete Pfanne und braten Sie darin die Hälfte des Teiges beidseitig an. Wiederholen Sie diesen Vorgang mit dem restlichen Teig. Stapeln Sie die fertigen Pfannkuchen übereinander auf einem Teller. Streuen Sie die Kuvertüre-Chips darüber.
3. In der Zwischenzeit können Sie bereits den Obstsalat vorbereiten. Waschen, schälen und entkernen Sie dafür das Obst und schneiden Sie alles in kleine Würfel. Geben Sie alles in einer Schüssel und träufeln Sie den Orangensaft und den Honig darüber. Vermischen Sie alles gut miteinander und richten Sie den Obstsalat zusammen mit den Pfannkuchen an.

30 min | einfach | 2

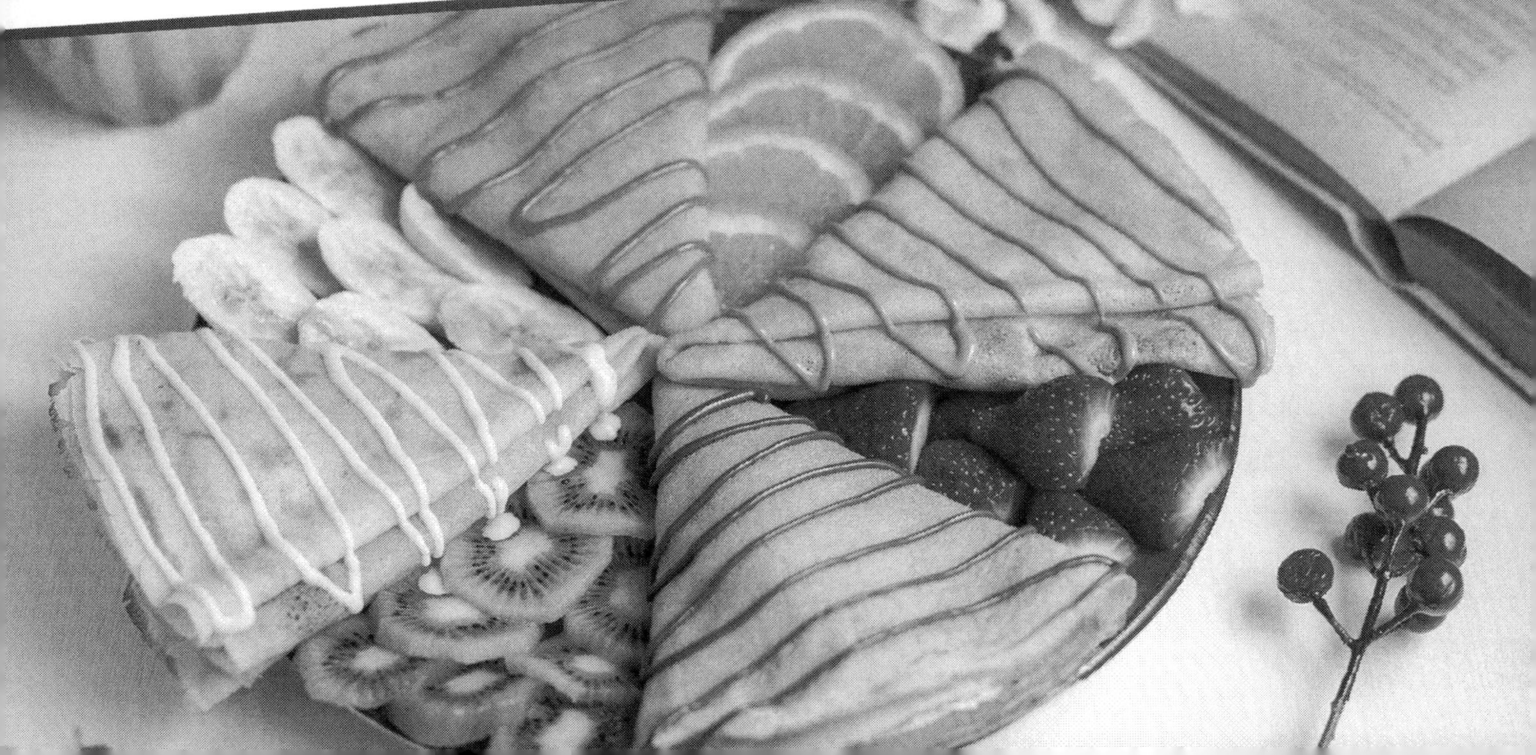

# CLOUD EGGS

| KH 1 g | EW 8 g | F 6 g | 95 kcal |
|---|---|---|---|

## ZUTATEN

- 2 Eier
- ½ EL geriebener Parmesan
- Pfeffer

## ZUBEREITUNG

1. Nehmen Sie die Eier und trennen Sie diese. Schlagen Sie das Eiweiß steif und heben Sie den Parmesan unter.
2. Geben Sie zwei Häufchen der Eischnee-Parmesan-Mischung auf ein mit Backpapier belegtes Backblech und drücken Sie mit einem Esslöffel eine Mulde hinein. Geben Sie das Backblech bei 200 °C Umluft für ca. 6 Minuten in den Backofen. Nun das Eigelb in die Mulde füllen und weitere 3 Minuten in den Backofen geben.
3. Mit etwas Pfeffer und eventuell ein paar Kräutern verfeinern und anrichten.

15 min | einfach | 2

# ROSINENBROT MIT FRISCHKÄSECREME

| KH 55 g | EW 12 g | F 15 g | 410 kcal |
|---|---|---|---|

## ZUTATEN

- 1 Ei
- 33 ml + 2 EL Milch
- 1/3 Pck. Vanillezucker
- 2 Scheiben Rosinenbrot
- 66 g Doppelrahmfrischkäse
- 41 g Lemon-Curd
- 1/8 TL Zimt
- 2/3 EL Zucker
- 8 g Butterschmalz

## ZUBEREITUNG

1. Vermischen Sie das Ei mit den 33 ml Milch und rühren Sie den Vanillezucker unter. Legen Sie die Brotscheiben in eine flache Form und übergießen Sie diese mit der Ei-Milch-Mischung. Lassen Sie sie für ca. 15 Minuten ziehen. Nach der Hälfte der Zeit die Brotscheiben wenden.
2. Verrühren Sie in der Zwischenzeit den Frischkäse mit dem Lemon-Curd und den 2 EL Milch.
3. Erhitzen Sie das Butterschmalz in einer Pfanne und braten Sie darin die Brotscheiben beidseitig an. Die gebratenen Brotscheiben zusammen mit dem Frischkäse anrichten und mit Zimt und Zucker bestäuben.

20 min | einfach | 2

# QUINOA-PORRIDGE MIT OBST

| KH 88 g | EW 16 g | F 19 g | 590 kcal |
|---|---|---|---|

## ZUTATEN

- 125 g Quinoa
- 375 ml Mandeldrink
- 1 ½ Bananen
- 175 g kernlose blaue Weintrauben
- 50 g Mandelkerne
- ½ EL Zimt
- 2 EL Honig

## ZUBEREITUNG

1. Spülen Sie die Quinoa mit ein wenig warmen Wasser ab. Geben Sie sie anschließend mit dem Mandeldrink in einen Topf und bringen Sie den Inhalt unter ständigem Rühren zum Kochen. Danach bei geringer Hitze für ca. 15 Minuten köcheln lassen.
2. Schälen Sie die Banane und schneiden Sie sie in kleine Stücke. Die Trauben waschen und in zwei Hälften schneiden. Die Hälfte des Obstes unter das Porridge rühren und für ca. 5 Minuten quellen lassen.
3. Hacken Sie die Mandeln grob. Zimt und Honig ebenfalls unter das Porridge rühren und in Schüsseln anrichten. Mit dem restlichen Obst und den Mandeln garnieren.

25 min | einfach | 2

# OBSTSALAT MIT PISTAZIEN UND AHORNSIRUP

| KH 28 g | EW 2 g | F 3 g | 150 kcal |
|---|---|---|---|

## ZUTATEN

- ½ Apfel
- 1 Banane
- Saft von ½ Zitrone
- 1/8 Papaya
- 1/8 Ananas
- ½ Kaki-Frucht
- 10 g Pistazienkerne
- 2 TL Ahornsirup

## ZUBEREITUNG

1. Bereiten Sie das Obst vor: Waschen und eventuell entkernen und schälen.
2. Schneiden Sie das Obst: Den Apfel in grobe Würfel, die Banane in Scheiben, die Papaya in Scheiben, die Ananas in grobe Würfel und die Kaki-Frucht in kleine Stücke.
3. Geben Sie das Obst in eine Schüssel und mischen Sie den Zitronensaft unter. Füllen Sie die Pistazienkerne in einen Mörser und zerkleinern Sie diese darin.
4. Verteilen Sie das Obst in zwei kleine Schalen, geben Sie in jede 1 TL Ahornsirup und streuen Sie die Pistazienkerne darüber.

20 min | einfach | 2

# BAUERNFRÜHSTÜCK

| KH 29 g | EW 31 g | F 38 g | 600 kcal |
|---|---|---|---|

## ZUTATEN

- 400 g festkochende Kartoffeln
- 75 g Speckwürfel
- 2 EL Butterschmalz
- Salz
- Pfeffer
- 1 Zwiebel
- 7 Eier
- ¼ Bund Schnittlauch

## ZUBEREITUNG

1. Schälen Sie die Kartoffeln und schneiden Sie sie in dünne Scheiben. Geben Sie das Butterschmalz in eine Pfanne und braten Sie darin Speck und Kartoffeln an. Mit etwas Salz und Pfeffer abschmecken.
2. Währenddessen die Zwiebel schälen und in kleine Würfel schneiden. Hineingeben und ebenfalls anbraten.
3. Die Eier verquirlen und mit Salz und Pfeffer würzen. Die Eier über die Kartoffeln gießen, zudecken und ca. 7 Minuten lang stocken lassen. Kurz bevor die Masse vollständig gestockt ist, die eine Hälfte über die andere klappen.
4. Schnittlauch waschen und fein hacken. Bauernfrühstück anrichten und mit dem Schnittlauch bestreuen.

25 min | einfach | 2

# KLASSISCHES PORRIDGE

| KH 25 g | EW 14 g | F 24 g | 370 kcal |
|---|---|---|---|

## ZUTATEN

- 80 g Haferflocken
- 400 ml Milch
- Salz
- 62 g Mandelkerne mit Haut
- Etwas Zimt

## ZUBEREITUNG

1. Erhitzen Sie die Haferflocken, die Milch und 1 Prise Salz in einem Topf. Achten Sie dabei darauf, dass Sie ständig rühren, bis eine breiige Konsistenz entsteht.
2. Hacken Sie in der Zwischenzeit die Mandeln grob. Porridge in Schalen anrichten, mit den Mandeln bestreuen und mit dem Zimt bestäuben.

10 min | einfach | 2

# MANDEL-HAFER-BREI MIT MANGO

| KH 57 g | EW 8 g | F 7 g | 330 kcal |
|---|---|---|---|

## ZUTATEN

- 400 ml Mandelmilch
- 100 g kernige Haferflocken
- 2 Mango

## ZUBEREITUNG

1. Geben Sie die Mandelmilch in einen Topf und erhitzen Sie sie. Mischen Sie die Haferflocken unter und lassen Sie sie für ca. 10 Minuten quellen.
2. In der Zwischenzeit die Mango schälen, entsteinen und das Fruchtfleisch in kleine Würfel schneiden. Die Mango unter den Haferbrei mischen und anrichten.

15 min | einfach | 2

# MÜSLI MIT BANANEN UND KOKOS-JOGHURT

| KH 58 g | EW 10 g | F 7 g | 350 kcal |
|---|---|---|---|

## ZUTATEN

- 2 EL Rosinen
- 300 g Magermilch-Joghurt
- 2 EL Kokosraspeln
- 2 Bananen
- 50 g gepuffter Dinkel
- 2 TL Honig
- Etwas Minze

## ZUBEREITUNG

1. Waschen Sie die Rosinen und lassen Sie sie kurz abtropfen. Geben Sie die Hälfte der Kokosraspel zum Joghurt und verrühren Sie es gut. Schälen Sie die Banane und schneiden Sie sie in dünne Scheiben.
2. Schichten Sie den gepufften Dinkel, die Rosinen, das Joghurt und die Banane in zwei Schüsseln.
3. Beträufeln Sie das Müsli mit dem Honig, streuen Sie die übrigen Kokosraspel darüber und garnieren Sie es mit der Minze.

10 min | einfach | 2

# BANANEN-PANCAKES MIT HEIDELBEEREN

| KH 37 g | EW 19 g | F 31 g | 520 kcal |
|---|---|---|---|

## ZUTATEN

- 125 g Heidelbeeren
- ½ EL Speisestärke
- 1/8 l Apfelsaft
- 1 ½ EL Ahornsirup
- 1 Banane
- 30 g Kokosmehl
- 1 TL Backpulver
- Zimt
- 2 Eier
- 1/8 l Milch
- 3 EL Öl
- 125 g Sahnequark

## ZUBEREITUNG

1. Verrühren Sie die Stärke mit 1 EL Apfelsaft und vermischen Sie den Rest des Saftes mit dem Ahornsirup. Kochen Sie die Apfelsaft-Ahornmischung auf und rühren Sie die Stärke-Mischung ein. Geben Sie die Beeren dazu und lassen Sie alles für ca. 5 Minuten bei mittlerer Hitze köcheln.
2. Schälen Sie die Banane und zerdrücken Sie sie mit einer Gabel. Vermischen Sie das Mehl mit dem Backpulver und 1 Prise Zimt. Die Eier mit der Milch und 2 EL Öl verquirlen. Die Banane mit der Mehl- und der Eier-Mischung vermengen.
3. Geben Sie 2 EL Öl in eine Pfanne und braten Sie darin die Pancakes beidseitig an. Anrichten und mit Quark und dem Heidelbeerkompott servieren.

30 min | einfach | 2

# Vorspeisen und Salate

# QUINOA-SALAT MIT FETA

| KH 28 g | EW 16 g | F 24 g | 400 kcal |
|---|---|---|---|

## ZUTATEN

- 75 g weißer Quinoa
- Salz
- Pfeffer
- 1 Zucchini
- 125 g Kirschtomaten
- ½ rote Zwiebel
- 75 g Feta
- ½ Töpfchen Basilikum
- 40 g Haselnüsse
- 1 TL Olivenöl
- ½ TL Weißweinessig

## ZUBEREITUNG

1. Spülen Sie die Quinoa ein wenig ab. Kochen Sie 400 ml Wasser und ½ TL Salz in einem Topf auf und rühren Sie die Quinoa ein. Lassen Sie alles für ca. 15 Minuten bei geringer Hitze köcheln. Anschließend vom Herd nehmen.
2. Unterdessen Zucchini waschen und in feine Streifen schneiden. Tomaten ebenfalls waschen und halbieren. Zwiebel schälen und in feine Streifen schneiden. Feta in mundgerechte Stücke zerbröckeln. Basilikum waschen und die Blätter fein hacken.
3. Die Nüsse in einer Pfanne rösten und anschließend grob hacken. Alle Zutaten miteinander vermischen und mit etwas Salz und Pfeffer abschmecken.

20 min | einfach | 2

# TATAR VOM LACHS

| KH 3 g | EW 33 g | F 45 g | 570 kcal |
|---|---|---|---|

## ZUTATEN

- 1 Papaya
- 300 g frisches Lachsfilet
- 4 EL Olivenöl
- 2 Stiele Minze
- 6 Stiele Koriander
- 2 Schalotten
- 1 rote Chilischote
- 2 Limetten
- 2 EL Honig
- Salz
- Pfeffer
- 1 Frühlingszwiebel
- 2 EL geröstete, ungesalzene Erdnüsse

## ZUBEREITUNG

1. Zuerst die Papaya schälen und entkernen. Papaya und Lachs in kleine, gleich große Würfel schneiden. In eine Schüssel geben und mit 1 EL Öl vermischen. Minze waschen und die Blätter fein hacken.
2. Koriander ebenfalls waschen und mit den Stielen hacken. Schalotte schälen und in kleine Würfel schneiden.
3. Chili entkernen und fein würfeln. Zesten von der Limette reiben, bis 1 EL vorhanden ist. Die Zitrone halbieren und den Saft herauspressen. Beides mit Honig, Chili und 3 EL Öl vermischen. Mit etwas Salz und Pfeffer abschmecken.
4. Die Papaya-Lachs-Mischung mit der Schalotte, den Kräutern und dem Dressing vermischen. Salz und Pfeffer dazugeben, bis der gewünschte Geschmack erreicht ist.
5. Aus der Lachsmasse nun Nocken formen. Nehmen Sie dafür 2 EL und tauchen Sie diese in kaltes Wasser ein. Etwas von der Masse auf einen EL geben und mit dem anderen EL zu einer Nocke formen.
6. Die Frühlingszwiebel waschen, putzen und in feine Ringe schneiden. Erdnüsse grob hacken und mit den Frühlingszwiebeln das angerichtete Tartar garnieren.

25 min | einfach | 2

# ZUCCHINIRÖLLCHEN AL TONNO

| KH 1 g | EW 4 g | F 3 g | 40 kcal |
|---|---|---|---|

## ZUTATEN

- 1 Bund Schnittlauch
- ½ Dose Thunfisch, naturell
- 12 g Olivenöl
- 5 g Kapern
- Salz
- Pfeffer
- 1 gelbe Zucchini
- 3 Scheiben Kalbsbraten-Aufschnitt

## ZUBEREITUNG

1. Waschen Sie zuerst den Schnittlauch und schneiden Sie ¾ davon in feine Röllchen.
2. Lassen Sie den Thunfisch abtropfen und pürieren Sie ihn zusammen mit dem Öl und den Kapern in einem Standmixer. Mit etwas Salz und Pfeffer verfeinern. 2/3 der Schnittlauchröllchen ebenfalls untermischen.
3. Die Zucchini waschen, putzen und längs in Scheiben schneiden. Einen Topf mit Salzwasser zum Kochen bringen und die Zucchinischeiben darin ca. 3 Minuten garen. Anschließend in etwas Eiswasser abschrecken. Die Scheiben ein wenig trockentupfen.
4. Den Kalbsbraten-Aufschnitt längs halbieren. Die Zucchini-Scheiben nebeneinander auf ein Brett legen und mit der Creme bestreichen. Je ein Hälfte Aufschnitt darauflegen und fest zusammenrollen. Mit dem übrigen Schnittlauch zusammenbinden.
5. Auf einem Teller anrichten und mit den restlichen Schnittlauchröllchen garnieren.

30 min | einfach | 2

# BIRNEN-NUSS-CROSTINI

| KH 17 g | EW 5 g | F 18 g | 260 kcal |
|---|---|---|---|

## ZUTATEN

- 3 EL Haselnusskerne
- ½ Baguette
- 1 Knoblauchzehe
- 2 Stiele Salbei
- ¼ Bund Lauchzwiebeln
- 50 g Lardo (ital. fetter Speck)
- ½ Birne
- 2 ½ EL Olivenöl
- Pfeffer
- Meersalz
- 50 g Roquefort

## ZUBEREITUNG

1. Hacken Sie die Haselnüsse grob. Schneiden Sie das Baguette in 6 gleich große Stücke.
2. Den Knoblauch schälen und in zwei Teilen. Den Salbei waschen und fein hacken. Die Lauchzwiebeln waschen, putzen und in dünne Ringe schneiden. Den Speck in feine Würfel schneiden. Die Birne waschen, entkernen und ebenfalls würfeln.
3. 1 ½ EL Öl in einer Pfanne erhitzen und darin das Baguette mit dem Knoblauch beidseitig anbraten. Aus der Pfanne nehmen und auf Küchenpapier ein wenig abtropfen lassen.
4. 1 EL Öl in die Pfanne geben und darin Nüsse, Birne und Speck anbraten. Lauchzwiebeln und Salbei unterrühren und mitdünsten. Mit etwas Pfeffer abschmecken.
5. Das Baguette auf einem Teller anrichten und die Nuss-Birnen-Speck-Mischung darauf verteilen. Käse grob zerbröckeln und damit die Crostini bestreuen. Etwas Meersalz darauf geben und servieren.

25 min | einfach | 2

# PUTEN-CARPACCIO

| KH 8 g | EW 18 g | F 10 g | 200 kcal |
|---|---|---|---|

## ZUTATEN

- ½ rote Paprika
- ½ Mango
- 1 rote Zwiebel
- ½ rote Chilischote
- 1 EL Olivenöl
- Salz
- 12 g Kürbiskerne
- ½ TL scharfe Sriracha-Chilisauce
- 10 Scheiben hauchdünner Putenbrustaufschnitt
- Etwas Koriander, zum Garnieren

## ZUBEREITUNG

1. Die Paprika waschen, putzen und würfelig schneiden. Die Mango vom Stein lösen, schälen und ebenfalls würfelig schneiden. Die Zwiebel schälen und in feine Ringe schneiden. Die Chilischote entkernen, waschen und fein hacken.
2. Alle vorbereiteten Zutaten mit dem Öl in einer Schüssel vermischen. Etwas Salz und die Kürbiskerne unterrühren.
3. Putenbrustaufschnitt auf zwei Tellern anrichten und die Paprika-Mischung darüber verteilen. Mit der Chilisauce beträufeln und mit dem Koriander garnieren.

10 min | einfach | 2

# BLATTSALAT MIT ZIEGENKÄSE

| KH 8 g | EW 15 g | F 22 g | 300 kcal |
|---|---|---|---|

## ZUTATEN

- 62 g Himbeeren
- 1 ½ EL Essig
- Salz
- Pfeffer
- ½ TL Senf
- 1 ½ EL flüssiger Honig
- 1 EL Öl
- 50 g Champignons
- 25 g Mungobohnenkeimlinge
- 50 g Blattsalat (z. B. Rucola, Römersalat, Babyspinat)
- 100 g Ziegenweichkäse

## ZUBEREITUNG

1. Vermischen Sie den Essig mit Salz, Pfeffer, Senf und ½ EL Honig. Anschließend Öl unterrühren. Die Pilze waschen und in Scheiben schneiden. Die Keimlinge und den Salat waschen.
2. Käse in dicke Scheiben schneiden und eine Seite davon mit Honig bestreichen. Mit dieser Seite in einer Pfanne goldbraun braten. Anschließend die andere Seite ebenfalls anbraten.
3. Champignons, Keimlinge, Salat und Himbeeren miteinander vermischen und anrichten. Die Marinade darüber gießen und den Käse darauflegen.

25 min | einfach | 2

# SALAT MIT MAULTASCHEN

| KH 47 g | EW 15 g | F 15 g | 390 kcal |
|---|---|---|---|

## ZUTATEN

- 2 EL Öl
- 1 Pck. Vegetarische Maultaschen
- ½ Kopfsalat
- 1 Bund Radieschen
- 2 Lauchzwiebeln
- 250 g Vollmilchjoghurt
- 3 EL Limettensaft
- Salz
- Pfeffer
- 5 Stiele Kerbel

## ZUBEREITUNG

1. Geben Sie das Öl in eine Pfanne und braten Sie darin die Maultaschen beidseitig an. Mit 2 - 3 EL Wasser ablöschen und zugedeckt für ca. 10 Minuten ziehen lassen.
2. In der Zwischenzeit den Salat putzen und in mundgerechte Stücke zupfen. Radieschen waschen, putzen und vierteln. Lauchzwiebeln waschen, putzen und in dünne Ringe schneiden.
3. Vermischen Sie das Joghurt mit dem Limettensaft und etwas Salz und Pfeffer. Salat anrichten, mit dem Dressing verfeinern und die Maultaschen darüber geben.
4. Den Kerbel waschen, Blätter abzupfen und damit den Salat garnieren.

20 min | einfach | 2

# MANGO-FETA-SALAT

| KH 18 g | EW 8 g | F 24 g | 330 kcal |
|---|---|---|---|

## ZUTATEN

- 10 g geschälte Sesamsaat
- ½ Mango
- 50 g Rauke
- ¼ rote Zwiebel
- 75 g Feta
- Saft von ½ Zitrone
- Saft von 1 Limette
- ½ EL Honig
- 1 Prise Salz
- 1 Prise Currypulver
- 2 ½ EL Olivenöl

## ZUBEREITUNG

1. Rösten Sie den Sesam in einer Pfanne ohne Fett. Anschließend herausnehmen und abkühlen lassen. Schälen Sie die Mango, entfernen Sie den Stein und schneiden Sie das Fruchtfleisch in grobe Würfel. Schälen Sie die Zwiebel und schneiden Sie sie in feine Streifen. Den Feta grob zerbröckeln. Die Rauke waschen.
2. Vermengen Sie für das Dressing 10 g Fruchtfleisch mit Zitronensaft, Limettensaft, Honig, Salz und Currypulver. Pürieren Sie die Mischung und rühren Sie das Öl unter.
3. Rauke, Mango, Zwiebel und Feta miteinander vermischen, Dressing darüber geben, anrichten und mit etwas Sesam bestreuen.

15 min | einfach | 2

# MELONEN-SCHINKEN-TATAR

| KH 10 g | EW 4 g | F 11 g | 160 kcal |
|---|---|---|---|

## ZUTATEN

- ½ Cantaloupe-Melone
- 90 g Parmaschinken, in dünnen Scheiben
- ½ Bund Radieschen
- ½ Beet Kresse
- 1 EL Weißweinessig
- Salz
- Pfeffer
- Zucker
- 1 ½ EL Olivenöl

## ZUBEREITUNG

1. Entkernen Sie die Melone und schneiden Sie sie in Spalten. Fruchtfleisch von der Schäle lösen und in feine Würfel schneiden. Schinken ebenfalls fein würfeln. Putzen und waschen Sie die Radieschen und schneiden Sie diese in feine Stifte. Schneiden Sie die Kresse vom Beet.
2. Vermischen Sie für die Vinaigrette den Essig mit Salz, Pfeffer und Zucker. Rühren Sie das Öl unter. Vermischen Sie die Kresse mit den Radieschen und gießen Sie die Vinaigrette darüber.
3. Nehmen Sie zwei Vorspeisenringe und stellen Sie sie auf einen Teller. Füllen Sie zuerst die Melone in die Ringe. Danach die Schinkenwürfel, und zum Schluss die Vinaigrette darüber verteilen. Ringe lösen und servieren.

25 min | einfach | 2

# FISCH-AVOCADO-TATAR

| KH 2 g | EW 18 g | F 38 g | 430 kcal |
|---|---|---|---|

## ZUTATEN

- 1 Limette
- 75 g frisches Lachsfilet, ohne Haut
- 75 g frisches Kabeljaufilet
- 1 Avocado
- ½ Schalotte
- Paprikapulver, edelsüß
- 1 EL Olivenöl
- Salz
- Pfeffer
- 1 Stiel Dill
- 2 TL Lachskavier

## ZUBEREITUNG

1. Waschen Sie die Limette und halbieren Sie sie anschließend. Pressen Sie aus einer Hälfte den Saft und schneiden Sie die andere Hälfte in Spalten.
2. Schneiden Sie beide Fische in kleine Würfel und beträufeln Sie sie mit 1 TL Limettensaft. Gut vermischen und kurz im Kühlschrank kaltstellen.
3. Halbieren Sie in der Zwischenzeit die Avocado. Entfernen Sie den Stein und lösen Sie das Fruchtfleisch vorsichtig aus der Schale. Beträufeln Sie die Schale mit etwas Limettensaft und schneiden Sie das Fruchtfleisch in kleine Würfel.
4. Schälen Sie die Schalotte und schneiden Sie sie in feine Ringe. Schalotte und Avocado unter das Fischtatar mischen und mit dem Öl beträufeln. Mit etwas Salz, Pfeffer, Paprikapulver und Limettensaft abschmecken. Erneut kurz im Kühlschrank kaltstellen.
5. Waschen Sie den Dill und hacken Sie die Fähnchen fein. Dill unter das Tatar mischen.
6. Das Tatar auf die Avocadoschalen aufteilen. Anrichten und mit dem Lachskaviar, etwas Dill und den Limettenspalten garnieren.

25 min | einfach | 2

# SALAT MIT PAPAYA-PARMA-SALSA UND BÜFFELMOZZARELLA

| KH 5 g | EW 19 g | F 33 g | 410 kcal |
|---|---|---|---|

## ZUTATEN

- 75 g Babysalatmix
- 2 EL Weißweinessig
- Salz
- Pfeffer
- 2 EL Öl
- ½ Papaya
- 4 Scheiben Parmaschinken
- 1 Schalotte
- 125 g Büffelmozzarella

## ZUBEREITUNG

1. Waschen Sie den Salat und lassen Sie ihn kurz abtropfen. Vermischen Sie Essig, Salz und Pfeffer miteinander. Schlagen Sie anschließend das Öl unter.
2. Lösen Sie mit Hilfe eines Esslöffels die Kerne aus der Papaya. Schälen Sie sie anschließend und schneiden Sie das Fruchtfleisch in kleine Würfel. Parmaschinken ebenfalls fein würfeln. Die Schalotte schälen, fein hacken und mit der Papaya, dem Parmaschinken und der Hälfte der Vinaigrette vermischen.
3. Geben Sie die restliche Vinaigrette über den Salat und richten Sie ihn an. Den Mozzarella halbieren und auf den Salat geben. Die Papaya-Parma-Salsa darüber gießen.

20 min | einfach | 2

# SALAT MIT NEKTARINEN

| KH 14 g | EW 22 g | F 41 g | 540 kcal |
|---|---|---|---|

## ZUTATEN

- 2 ½ Tomaten
- 1 ½ Nektarinen
- ½ Mini-Römersalat
- ½ Bund Rucola
- ½ Bund Basilikum
- 125 g Mozzarella
- 75 g Parmaschinken
- 3 EL heller Balsamico-Essig
- Salz
- Pfeffer
- Zucker
- 3 EL Öl

## ZUBEREITUNG

1. Waschen Sie die Tomaten und schneiden Sie sie in dünne Scheiben. Nektarinen ebenfalls waschen, Stein entfernen und in Spalten schneiden. Salate waschen, putzen und abtropfen lassen. Schneiden Sie den Römersalat in feine Streifen. Waschen Sie das Basilikum und zupfen Sie die Blätter ab. Schneiden Sie den Mozzarella in mundgerechte Stücke.
2. Richten Sie alle Zutaten zusammen mit dem Parmaschinken an.
3. Vermischen Sie für die Vinaigrette Essig, Salz, Pfeffer und Zucker. Öl ebenfalls untermischen. Beträufeln Sie den Salat mit der Vinaigrette.

20 min | einfach | 2

# TORTELLINI-SALAT MIT PESTO

| KH 45 g | EW 12 g | F 15 g | 370 kcal |
|---|---|---|---|

## ZUTATEN

- 250 g Tortellini, mit Ricotta und Spinat gefüllt
- Salz
- 175 g Tomaten
- 2 Lauchzwiebeln
- 2 Stiele Basilikum
- 2 EL Weißweinessig
- 1 ½ TL Basilikum-Pesto
- 1 ½ EL Olivenöl
- 37 g kleine, schwarze Oliven
- Pfeffer

## ZUBEREITUNG

1. Kochen Sie die Tortellini nach Packungsanleitung in einem Topf mit kochendem Salzwasser. Waschen Sie währenddessen die Tomaten, entfernen Sie den Strunk und schneiden Sie sie in kleine Würfel. Lauchzwiebel ebenfalls waschen und in feine Ringe schneiden.
2. Waschen Sie das Basilikum, zupfen Sie die Blätter von den Stielen und schneiden Sie sie in feine Streifen.
3. Verrühren Sie den Essig mit dem Pesto und mischen Sie das Öl unter. Vermengen Sie alle Zutaten miteinander, richten Sie den Salat an und garnieren Sie ihn mit dem Basilikum.

15 min | einfach | 2

# Suppen

# GRÜNKOHL-MINESTRONE

| KH 28 g | EW 13 g | F 12 g | 280 kcal |
|---|---|---|---|

## ZUTATEN

- 1 Zwiebel
- 1 ½ Knoblauchzehen
- 2 Karotten
- 1 Pastinake
- 2 ½ EL Olivenöl
- ½ Dose passierte Tomaten
- ½ EL Gemüsebrühe
- ½ Dose weiße Bohnen
- ½ Zucchini
- 150 g Grünkohl, geputzt
- Salz
- Pfeffer

## ZUBEREITUNG

1. Schälen Sie die Zwiebel und Knoblauchzehen und hacken Sie beides ganz fein. Schälen Sie anschließend die Karotten und Pastinaken und schneiden Sie beides in mundgerechte Stücke.
2. Dünsten Sie alle vorbereiteten Zutaten in einer Pfanne mit etwas Öl an. Gießen Sie dieses mit 1 ½ l Wasser, der Brühe und den passierten Tomaten auf. Alles für 10 bis 12 Minuten bei geringer Hitze köcheln lassen.
3. Geben Sie die Bohnen in ein Sieb und lassen Sie sie abtropfen. Waschen und putzen Sie die Zucchini. Schneiden Sie sie anschließend in grobe Würfel. Waschen Sie den Kohl und schneiden Sie ihn in feine Streifen.
4. Geben Sie die Bohnen, Zucchini und den Kohl kurz vor Ende der Garzeit in die Pfanne. Schmecken Sie vor dem Servieren das Gericht mit Salz und Pfeffer ab.

25 min | einfach | 2

# KOKOS-SUPPE MIT SHRIMPS

| KH 9g | EW 13 g | F 37 g | 430 kcal |
|---|---|---|---|

## ZUTATEN

- 1 Dose Kokosmilch
- 50 g Schlagsahne
- 50 ml Gemüsebrühe
- 1 - 1 ½ TL Thaicurrypulver
- 2 EL Chili-Chickensoße
- 50 g Shrimps, gegart
- 1 EL Wasabinüsse
- Salz
- Pfeffer
- 1 EL Limettensaft
- Kokoschips, zum Garnieren
- Shisokresse, zum Garnieren

## ZUBEREITUNG

1. Geben Sie die Kokosmilch, Sahne, Brühe, Chili-Chickensoße und das Thaicurrypulver in einen Topf und lassen Sie alles bei geringer Hitze für ca. 5 Minuten köcheln.
2. Spülen Sie in der Zwischenzeit die Shrimps kalt ab und lassen Sie sie kurz abtropfen. Die Wasabinüsse grob zerstoßen.
3. Geben Sie die Shrimps in die Suppe und kochen Sie sie kurz auf. Schmecken Sie die Suppe mit Salz, Pfeffer und Limettensaft ab.
4. Richten Sie die Suppe an und garnieren Sie sie mit den Nüssen, den Kokoschips und der Kresse.

10 min | einfach | 2

# KOKOS-TOMATEN-SUPPE

| KH 15 g | EW 29 g | F 23 g | 390 kcal |
|---|---|---|---|

## ZUTATEN

- ½ rote Chilischote
- ½ Zwiebel
- ½ Knoblauchzehe
- 1 EL Öl
- 1 EL Mehl
- ½ Pck. passierte Tomaten
- ½ Dose ungesüßte Kokosmilch
- 50 g Röstpaprika
- 250 g Seelachsfilet
- ½ Dose Kirschtomaten
- ½ Lauchzwiebel
- Salz
- Pfeffer
- Zucker
- Gemahlener Koriander
- Saft von ¼ Limette

## ZUBEREITUNG

1. Putzen und entkernen Sie die Chilischote. Waschen Sie sie anschließend und hacken Sie sie fein. Schälen Sie die Zwiebel und den Knoblauch und hacken Sie beides ebenfalls klein. Geben Sie die drei Zutaten in einen Topf mit etwas Öl und dünsten Sie alles kurz an.
2. Bestäuben Sie das Gemüse mit Mehl und lassen Sie es kurz anschwitzen. Geben Sie die passierten Tomaten, die Kokosmilch und ¼ l Wasser hinzu. Kochen Sie alles auf und geben Sie die Röstpaprika hinzu. Topf zudecken und ca. 5 Minuten bei geringer Hitze kochen lassen. Anschließend fein pürieren.
3. Schneiden Sie in der Zwischenzeit den Fisch in mundgerechte Stücke und geben Sie diesen zusammen mit den Kirschtomaten zur Tomatensuppe. Noch einmal für ca. 4 Minuten kochen lassen.
4. Unterdessen die Lauchzwiebel waschen, putzen und in Streifen schneiden. Suppe mit Salz, Pfeffer, Koriander, Zucker und Limettensaft abschmecken. Anrichten und mit den Lauchzwiebeln garnieren.

25 min | einfach | 2

# LINSENSUPPE

| KH 51 g | EW 35 g | F 33 g | 660 kcal |
|---|---|---|---|

## ZUTATEN

- ½ Stange Porree
- 1 Karotte
- ½ Zwiebel
- 1 EL Butter
- 150 g rote Linsen
- 1 - 2 TL Gemüsebrühe
- 2 Wiener Würstchen
- Salz
- Pfeffer
- 1 EL Obstessig

## ZUBEREITUNG

1. Waschen und putzen Sie den Porree und schneiden Sie ihn in feine Ringe. Schälen Sie die Karotte, halbieren Sie sie und schneiden Sie sie in dünne Scheiben. Die Zwiebel ebenfalls schälen und in feine Würfel schneiden.
2. Erhitzen Sie die Butter in einem Topf und dünsten Sie darin das Gemüse.
3. Gießen Sie das gedünstete Gemüse mit ca. 1 l Wasser auf und rühren Sie die Linsen unter. Nun nur noch die Brühe einrühren und für ca. 8 Minuten bei geringer Hitze köcheln lassen. In der Zwischenzeit die Würstchen in Scheiben schneiden, dazugeben und mit Salz, Pfeffer, Zucker und Essig abschmecken.

25 min | einfach | 2

# MAISSUPPE

| KH 24 g | EW 7 g | F 25 g | 360 kcal |
|---|---|---|---|

## ZUTATEN

- ½ Zwiebel
- 1 Knoblauchzehe
- ½ Stück Ingwer
- ½ rote Chilischote
- 1 EL Kokoschips
- 1 EL Öl
- Kurkuma
- Salz
- Pfeffer
- 1 Dose Mais
- ½ Dose ungesüßte Kokosmilch
- 1 TL Gemüsebrühe
- 2 Stiele Koriander
- Saft von ¼ Limette

## ZUBEREITUNG

1. Schälen Sie zuerst die Zwiebel, den Knoblauch und den Ingwer und hacken Sie alle drei Zutaten. Chili entkernen, waschen und ebenfalls fein hacken.
2. Kokoschips in einen Topf geben und rösten. Anschließend herausnehmen, Öl hineingeben und die restlichen Zutaten darin dünsten. ½ TL Kurkuma, Mais, 600 ml Wasser, Kokosmilch und Brühe unterrühren und für ca. 5 Minuten bei niedriger Hitze köcheln lassen.
3. In der Zwischenzeit den Koriander waschen und die Blätter fein hacken. Die Suppe pürieren und mit etwas Salz, Pfeffer und Limettensaft abschmecken. Anrichten und mit Kokoschips und Koriander garnieren.

| 20 min | einfach | 2 |
|---|---|---|

# KARTOFFELSUPPE MIT SPECK

| KH 26 g | EW 5 g | F 33 g | 430 kcal |
|---|---|---|---|

## ZUTATEN

- 300 g Kartoffeln
- ½ Bund Lauchzwiebeln
- 3 EL Olivenöl
- 400 ml Gemüsebrühe
- 50 g Sahne
- Salz
- Pfeffer
- Muskatnuss, gerieben
- 2 Scheiben Frühstücksspeck
- ½ rote Zwiebel

## ZUBEREITUNG

1. Schälen Sie die Kartoffeln und schneiden Sie sie in Würfel. Waschen Sie die Lauchzwiebeln und schneiden Sie sie in Ringe.
2. Erhitzen Sie das Öl in einem Topf und dünsten Sie darin die Kartoffeln und Lauchzwiebeln an. Gießen Sie anschließend das Gemüse mit der Brühe auf und lassen Sie alles für ca. 20 Minuten köcheln.
3. Pürieren Sie die Suppe mit dem Stabmixer und geben Sie die Sahne hinzu. Schmecken Sie die Suppe mit Salz, Pfeffer und Muskat ab.
4. Geben Sie den Speck in eine Pfanne und braten Sie ihn darin an. Lassen Sie ihn danach auf etwas Küchenpapier abtropfen.
5. Schälen Sie die Zwiebel und schneiden Sie sie in feine Ringe. Vermischen Sie die Zwiebel mit etwas Mehl und braten Sie diese in einer Pfanne mit Öl an.
6. Richten Sie die Suppe an und garnieren Sie sie mit dem Speck und den Zwiebeln.

| 30 min | einfach | 2 |
|---|---|---|

# ZUCCHINISUPPE MIT GORGONZOLA

| KH 8 g | EW 9 g | F 17 g | 230 kcal |
|---|---|---|---|

## ZUTATEN

- ½ Zwiebel
- ½ Knoblauchzehe
- ½ kg Zucchini
- ½ Kartoffel
- 1 EL Olivenöl
- Salz
- Pfeffer
- 1 TL Gemüsebrühe
- 50 g Gorgonzola
- 2 EL Crème fraîche

## ZUBEREITUNG

1. Schälen Sie die Zwiebel und den Knoblauch und hacken Sie beides fein. Waschen Sie die Zucchini und schneiden Sie sie in grobe Würfel. Die Kartoffel schälen und ebenfalls in Würfel schneiden.
2. Erhitzen Sie das Öl in einem Topf dünsten Sie darin die Zwiebel- und Knoblauchstücke an. Geben Sie anschließend die Zucchini und die Kartoffel dazu und dünsten Sie diese ebenfalls kurz an. Würzen Sie das Gemüse mit etwas Salz und Pfeffer.
3. Gießen Sie 1l Wasser darüber und rühren Sie die Brühe unter. Lassen Sie alles für ca. 15 Minuten bei geringer Hitze köcheln.
4. Pürieren Sie die Suppe mit einem Stabmixer und schmecken Sie sie mit etwas Salz und Pfeffer ab. Zerbröckeln Sie den Gorgonzola in kleine Stücke und rühren Sie diese unter die Suppe.
5. Richten Sie die Suppe an und verfeinern Sie sie mit etwas Crème fraîche.

25 min | einfach | 2

# ASIATISCHE KAROTTEN-PAPRIKA-SUPPE

| KH 16 g | EW 3 g | F 6 g | 140 kcal |
|---|---|---|---|

## ZUTATEN

- ½ kg Karotten
- 1 Zwiebel
- ½ rote Paprikaschote
- 1 EL Öl
- ½ TL rote Currypaste
- 1 EL brauner Zucker
- 1 EL Zitronensaft
- 2 TL Gemüsebrühe
- 2-3 EL helle Sojasauce

## ZUBEREITUNG

1. Schälen Sie die Karotten und die Zwiebel. Waschen und putzen Sie die Paprika und schneiden Sie alle drei Zutaten in 1-2 cm große Stücke.
2. Erhitzen Sie das Öl in einem Topf und geben Sie das Gemüse hinein. Braten Sie es an und rühren Sie die Currypaste unter. Bestreuen Sie alles mit dem Zucker und löschen Sie es mit dem Zitronensaft ab.
3. ¾ l Wasser hinzugeben und die Brühe einrühren. Bei mittlerer Hitze für ca. 15 bis 20 Minuten kochen lassen.
4. Pürieren Sie die Suppe und mischen Sie noch etwas Wasser unter, bis die gewünschte Konsistenz erreicht ist. Noch einmal kurz aufkochen lassen und mit der Sojasauce und dem Zitronensaft abschmecken.

30 min | einfach | 2

# BLUMENKOHL-KOKOS-SUPPE

| KH 9 g | EW 7 g | F 13 g | 190 kcal |
|---|---|---|---|

## ZUTATEN

- 250 g Blumenkohl
- ½ Zwiebel
- 1 EL Kokosöl
- ½ Dose ungesüßte Kokosmilch
- Salz
- Pfeffer
- Muskat
- Chiliflocken
- 4 Radieschen
- ½ Beet Kresse
- 100 g junger Blattspinat
- Kokoschips

## ZUBEREITUNG

1. Waschen und putzen Sie den Blumenkohl und schneiden Sie ihn in kleine Röschen. Schneiden Sie 3 bis 4 Röschen in dünne Scheiben und geben Sie diese auf die Seite. Schälen Sie die Zwiebel und schneiden Sie diese in feine Würfel.
2. Erhitzen Sie 2 EL Öl in einem Topf und dünsten Sie darin die Zwiebel und den Blumenkohl an. Mit der Kokosmilch und ½ l Wasser ablöschen und mit etwas Salz und Pfeffer würzen. Für ca. 10 Minuten bei niedriger Hitze köcheln lassen.
3. Waschen und putzen Sie in der Zwischenzeit die Radieschen und schneiden Sie diese in Scheiben. Die Kresse einfach vom Beet schneiden. Den Spinat waschen und zur Suppe geben. Kurz garen lassen und anschließend pürieren. Mit Salz, Pfeffer und Muskat abschmecken.
4. Die Blumenkohlscheiben kurz in etwas Öl anbraten. Die Suppe anrichten und mit Blumenkohlscheiben, Radieschen, Kokoschips, Kresse und Chiliflocken garnieren.

30 min | einfach | 2

# ZUCCHINI-PASTINAKEN-SUPPE MIT SPECK

| KH 14 g | EW 6 g | F 9 g | 180 kcal |
|---|---|---|---|

## ZUTATEN

- ½ l Gemüsebrühe
- 170 g Pastinaken
- ½ Bund Lauchzwiebeln
- 150 g Zucchini
- 50 g Frühstücksspeck
- ½ Bund Thymian
- Salz
- Pfeffer

## ZUBEREITUNG

1. Die Pastinaken waschen und schälen. Anschließend in Scheiben schneiden und zusammen mit der Brühe in einen Topf geben. Aufkochen und bei mittlerer Hitze ca. 20 Minuten köcheln lassen.
2. In der Zwischenzeit die Lauchzwiebeln waschen, putzen und in dünne Ringe schneiden. Die Zucchini ebenfalls waschen und putzen und danach zuerst in dünne Scheiben und anschließend in feine Streifen schneiden.
3. Den Speck in einer Pfanne anbraten und auf etwas Küchenpapier abtropfen lassen.
4. Den Thymian waschen und die Blätter von den Stielen zupfen. Lassen Sie etwa 2 Stiele zum Garnieren übrig. Geben Sie kurz vor Ende der Garzeit die Lauchzwiebel, die Zucchini und die Thymianblätter zur Suppe. Schmecken Sie sie mit etwas Salz ab.
5. Suppe zusammen mit dem Speck anrichten und mit Pfeffer bestreuen. Mit den Thymianzweigen garnieren.

25 min | einfach | 2

# ROTE-BETE-SUPPE

| KH 23 g | EW 5 g | F 6 g | 170 kcal |
|---|---|---|---|

## ZUTATEN

- ½ Zwiebel
- 250 g Rote Bete (gegart und vakuumverpackt)
- 75 g Kartoffeln
- 1 EL Öl
- ½ EL Gemüsebrühe
- ¼ Bund Schnittlauch
- 1 ½ Stiele Dill
- Salz
- Pfeffer
- 100 ml + 2 EL Buttermilch

## ZUBEREITUNG

1. Schälen Sie die Zwiebel und schneiden Sie sie in kleine Würfel. Rote Bete ebenfalls in Würfel schneiden, jedoch ein wenig grober. Verwenden Sie dafür am besten Einweghandschuhe, da die Rote Bete sehr abfärbt. Die Kartoffeln schälen und in grobe Würfel schneiden.
2. Öl in einen Topf geben und darin alle vorbereiteten Zutaten andünsten. Mit ¾ l Wasser ablöschen und die Brühe unterrühren. Aufkochen und für ca. 15 Minuten bei mittlerer Hitze köcheln lassen.
3. Unterdessen die Kräuter waschen. Den Dill fein hacken und den Schnittlauch in kleine Röllchen schneiden.
4. Die Suppe pürieren und mit etwas Salz und Pfeffer abschmecken. Buttermilch unterrühren und anrichten. Mit je 1 EL Buttermilch und den Kräutern garnieren.

30 min | einfach | 2

# BROKKOLI-SUPPE MIT KICHERERBSEN

| KH 28 g | EW 13 g | F 14 g | 300 kcal |
|---|---|---|---|

## ZUTATEN

- ½ Dose Kichererbsen
- 250 g Brokkoli
- ½ Zwiebel
- ½ Knoblauchzehe
- 1 ½ EL Olivenöl
- ½ EL Gemüsebrühe
- 50 g Ciabatta
- 25 g Pecorino-Käse
- Salz
- Pfeffer
- ½ Kästchen Kresse

## ZUBEREITUNG

1. Spülen Sie die Kichererbsen ab und lassen Sie sie abtropfen. Putzen Sie den Brokkoli und schneiden Sie ihn in kleine Röschen. Schälen Sie den Strunk und schneiden Sie ihn in kleine Stücke. Schälen Sie die Zwiebel und den Knoblauch und schneiden Sie beides würfelig.
2. Geben Sie etwas Öl in eine Pfanne und braten Sie darin den Brokkolistrunk, die Zwiebel und den Knoblauch an. Die Brokkoliröschen, die Hälfte der Kichererbsen, 1 ¼ l Wasser und die Brühe unterrühren. Aufkochen und für ca. 10 Minuten bei mittlerer Hitze kochen.
3. Zerrupfen Sie das Brot, reiben Sie den Käse und vermischen Sie beides mit den restlichen Kichererbsen, Salz, Pfeffer und 1 EL Öl. Verteilen Sie diese Mischung auf einem mit Backpapier belegtem Backblech und geben Sie dieses bei 200 °C Umluft für ca. 7 Minuten in den Backofen.
4. Pürieren Sie die Suppe und schmecken Sie sie mit Salz und Pfeffer ab. Richten Sie diese zusammen mit dem Kichererbsen-Mix an und garnieren Sie die Suppe mit etwas Kresse.

30 min | einfach | 2

# SÜSSKARTOFFEL-KAROTTEN-SUPPE

| KH 47 g | EW 6 g | F 21 g | 410 kcal |
|---|---|---|---|

## ZUTATEN

- 250 g Süßkartoffeln
- 300 g Karotten
- ½ rote Chili
- ½ Zwiebel
- ½ EL Öl
- ¼ TL Asia-Currypaste
- ½ Dose ungesüßte Kokosmilch
- 1 TL Gemüsebrühe
- 1 ½ Stiele Koriander
- Salz
- Pfeffer
- Limettensaft

## ZUBEREITUNG

1. Schälen Sie die Kartoffeln und schneiden Sie sie in grobe Würfel. Schälen Sie die Karotten und schneiden Sie die Hälfte davon in dünne Scheiben. Die andere Hälfte in grobe Würfel schneiden. Entkernen und waschen Sie die Chilischote und schneiden Sie sie in dünne Ringe. Schälen Sie die Zwiebel und schneiden Sie sie fein würfelig.
2. Erhitzen Sie etwas Öl in einem Topf und dünsten Sie darin die Karottenwürfel, Kartoffeln, Zwiebel und die Hälfte der Chili an. Die Currypaste unterrühren und mit der Kokosmilch aufgießen. 2 TL der Kokosmilch für später aufbewahren. ¾ l Wasser und die Brühe unterrühren. Zudecken und bei mittlerer Hitze ca. 15 Minuten köcheln.
3. Waschen Sie den Koriander, zupfen Sie die Blätter ab und hacken Sie sie fein. Pürieren Sie die Suppe und schmecken Sie sie mit Salz, Pfeffer und Limettensaft ab. Die Karottenscheiben unterrühren und noch ca. 2 Minuten garen lassen. Die Suppe anrichten und mit je 1 TL Kokosmilch, Koriander und Chili garnieren.

30 min | einfach | 2

# Hauptmahlzeiten

## Fleisch

# HACKBÄLLCHEN-SPINAT-PFANNE

| KH 12 g | EW 53 g | F 64 g | 840 kcal |
|---|---|---|---|

## ZUTATEN

- 1 Zwiebel
- 400 g Schweinemett
- Salz
- Pfeffer
- Rosenpaprika
- 1 EL Öl
- ½ EL Zucker
- 1 EL heller Balsamico-Essig
- 1 Dose Tomaten; stückig
- 50 g Schlagsahne
- 50 g Spinat
- 37 g Goudakäse

## ZUBEREITUNG

1. Schälen Sie die Zwiebel. Halbieren Sie sie anschließend und schneiden Sie sie in feine Würfel. Geben Sie die Hälfte der Zwiebelstücke zum Mett und würzen Sie alles mit Salz, Pfeffer und Paprika. Vermischen Sie alles gut und formen Sie aus der Masse ca. 12 gleichgroße Bällchen. Erhitzen Sie das Öl in einer Pfanne und braten Sie darin die Mettbällchen goldbraun.
2. Nehmen Sie die Bällchen aus der Pfanne und geben Sie die restliche Zwiebel in das Bratfett. Dünsten Sie diese kurz an und löschen Sie diese anschließend mit Zucker, Essig, Tomaten und Sahne ab. Schmecken Sie die Sauce mit Salz und Pfeffer ab. Lassen Sie alles ca. 5 Minuten bei geringer Hitze köcheln.
3. Waschen Sie in der Zwischenzeit den Spinat und mischen Sie diesen unter die Sauce. Die Mettbällchen dazugeben und den Käse gleichmäßig darüber reiben.
4. Geben Sie alles bei 200 °C (Umluft 175 °C) für ca. 20 Minuten in den Backofen. Der Käse soll goldgelb und schön knusprig sein.

| 30 min | einfach | 2 |
|---|---|---|

# KÄSESPÄTZLE MIT SPECK

| KH 40 g | EW 18 g | F 40 g | 610 kcal |
|---|---|---|---|

## ZUTATEN

- 250 g Rosenkohl
- Muskat
- Salz
- Pfeffer
- 1 ½ Stiele Petersilie
- 50 g Bacon
- 250 g Spätzle
- 1 EL Zwiebelwürfel
- 100 g Schlagsahne
- 50 g geriebener Gouda

## ZUBEREITUNG

1. Waschen Sie den Rosenkohl und schneiden Sie ihn anschließend in kleine Röschen. Garen Sie ihn für ca. 8 Minuten in kochendem Salzwasser.
2. Waschen Sie in der Zwischenzeit die Petersilie, zupfen Sie die Blätter ab und hacken Sie sie fein. Braten Sie den Bacon in einer Pfanne, bis er knusprig ist. Nehmen Sie ihn anschließend heraus und lassen Sie ihn auf Küchenpapier abtropfen.
3. Braten Sie in der Bacon-Pfanne die Spätzle und Zwiebelwürfel kurz an. Übergießen Sie alles mit der Sahne und köcheln Sie die Spätzle für ca. 2 bis 3 Minuten bei geringer Hitze. Schmecken Sie das Gericht mit Salz, Pfeffer und Muskat ab.
4. Mischen Sie den gegarten Rosenkohl und die gehackte Petersilie unter die Spätzle. Brechen Sie den Bacon in mundgerechte Stücke und garnieren Sie mit diesem und dem Gouda die Spätzle.

| 30 min | einfach | 2 |
|---|---|---|

# KASSELER AUF RAHMPORREE

| KH 53 g | EW 36 g | F 35 g | 670 kcal |
|---|---|---|---|

## ZUTATEN

- 250 g Porree
- ½ Bund Lauchzwiebel
- 2 Kasselerkoteletts ohne Knochen
- 2 EL Öl
- ½ EL Mehl
- 100 g Schlagsahne
- 1 EL mittelscharfer Senf
- Salz
- Pfeffer
- 250 g Schupfnudeln
- 1 EL Semmelbrösel
- 3 Stiele Kräuter, z.B. Petersilie, Kerbel oder Estragon

## ZUBEREITUNG

1. Waschen und putzen Sie den Porree und die Lauchzwiebeln. Schneiden Sie beides anschließend in feine Ringe.
2. Erhitzen Sie 2 EL Öl in einer Pfanne und braten Sie darin die Koteletts beidseitig an. Nehmen Sie das Fleisch heraus und braten Sie in der Pfanne die Porree- und Lauchzwiebelringe an. Streuen Sie das Mehl darüber und gießen Sie das Gemüse mit 300 ml Wasser und der Sahne auf. Rühren Sie anschließend den Senf unter und würzen Sie alles mit Salz und Pfeffer. Geben Sie die Koteletts wieder zurück in die Pfanne.
3. In eine weitere Pfanne 2 EL Öl hineingeben und darin die Schupfnudeln goldgelb anbraten und mit Semmelbröseln bestreuen.
4. Die Kräuter waschen, die Blätter abzupfen und fein hacken. Das Gericht damit garnieren.

30 min | einfach | 2

# HÄHNCHEN-REIS-PFANNE

| KH 63 g | EW 39 g | F 13 g | 540 kcal |
|---|---|---|---|

## ZUTATEN

- 250 - 300 g Hähnchenfilet
- ½ Bund Lauchzwiebeln
- 63 g getrocknete und entsteinte Aprikosen
- 1 EL Öl
- Salz
- ½ TL Chiliflocken
- 100 ml Apfelsaft
- 4 - 5 EL Sojasauce
- 1 Pck. Express Basmati-Reis
- Pfeffer

## ZUBEREITUNG

1. Schneiden Sie das Hähnchen in Stücke. Putzen und waschen Sie die Lauchzwiebeln und schneiden Sie diese in Ringe. Die getrockneten Aprikosen vierteln.
2. Erhitzen Sie ein wenig Öl in einer Pfanne und braten Sie darin die Hähnchenstücke an. Anschließend Lauchzwiebeln und Aprikosen dazugeben und ebenfalls kurz anbraten. Mit Salz und den Chiliflocken würzen und alles mit dem Apfelsaft und der Sojasauce aufgießen. Bei geringer Hitze ca. 3 Minuten köcheln lassen.
3. Kochen Sie in der Zwischenzeit den Basmati-Reis nach Anleitung. Sobald dieser fertig ist, unter das Hähnchen rühren und mit etwas Sojasauce, Salz und Pfeffer abschmecken.

25 min | einfach | 2

# GNOCCHI MIT SPECK UND RADICCHIO

| KH 41 g | EW 11 g | F 33 g | 520 kcal |
|---|---|---|---|

## ZUTATEN

- 100 g Speckstreifen oder -würfel
- ½ Zwiebel
- 250 g Gnocchi
- ½ Radicchio
- 125 g Kirschtomaten
- 2 Stiele Thymian
- 1 EL Apfelessig
- ½ TL Gemüsebrühe
- ½ TL Senf
- Pfeffer
- Salz

## ZUBEREITUNG

1. Geben Sie den Speck in eine große Pfanne und braten Sie ihn darin knusprig. Schälen Sie in der Zwischenzeit die Zwiebel und schneiden Sie sie fein würfelig. Geben Sie die Gnocchi zum Speck und braten Sie alles für weitere 8 Minuten.
2. Unterdessen können Sie den Salat waschen und in mundgerechte Stücke zupfen. Die Tomaten ebenfalls waschen und halbieren. Nach den 8 Minuten den Salat und die Tomaten zu den Gnocchi geben und weitere 3 Minuten anbraten. Währenddessen den Thymian waschen und die Blätter fein hacken.
3. 125 ml Wasser, Essig, Brühe und Senf zu den Gnocchi geben und mit Salz, Pfeffer und Thymian abschmecken.

| 20 min | einfach | 2 |
|---|---|---|

# TORTILLAS MIT HACK

| KH 34 g | EW 39 g | F 62 g | 880 kcal |
|---|---|---|---|

## ZUTATEN

- ½ Zwiebel
- ½ Knoblauchzehe
- 1 rote Paprikaschote
- ½ Dose Mais
- 1 Stiel Petersilie
- 250 g gemischtes Hack
- 1 EL Öl
- 1 EL Tomatenmark
- 100 g Schlagsahne
- Salz
- Pfeffer
- 2 Weizentortillas
- 50 g Gouda
- 50 g Crème fraîche

## ZUBEREITUNG

1. Schälen Sie die Zwiebel und den Knoblauch und schneiden Sie beides würfelig. Paprika waschen und ebenfalls würfelig schneiden. Waschen Sie die Petersilie und hacken Sie die Blätter fein.
2. Geben Sie ein wenig Öl in einen Topf und braten Sie das Hack an. Geben Sie die vorbereiteten Zutaten hinzu und braten Sie alles weitere 3 Minuten an. Mit Tomatenmark und Sahne ablöschen und mit ein wenig Salz und Pfeffer abschmecken.
3. Verteilen Sie die Soße in der Mitte der Tortilla und legen Sie diese zusammengerollt in eine Auflaufform. Reiben Sie den Käse, verrühren Sie diesen mit dem Crème fraîche und bestreichen Sie damit die Tortillas. Für ca. 10 Minuten bei 180 °C Umluft in den Backofen geben.

| 30 min | einfach | 2 |
|---|---|---|

# MAC AND CHEESE MIT SPECK

| KH 44 g | EW 26 g | F 42 g | 670 kcal |
|---|---|---|---|

## ZUTATEN

- ½ Stange Porree
- 1 Knoblauchzehe
- 25 g Butter
- 62 g Speckwürfel
- 25 g Mehl
- 250 ml Gemüsebrühe
- 150 g Schlagsahne
- 150 ml Milch
- 1 Lorbeerblatt
- 150 g Mini Pipe Rigate
- 125 g Cheddar
- ½ Laugenbrezel
- 1 Stiel Salbei

## ZUBEREITUNG

1. Wasche Sie den Porree und schneiden Sie ihn in feine Streifen. Schälen Sie den Knoblauch und hacken Sie ihn fein.
2. Geben Sie die Butter in einen Topf und lassen Sie ihn schmelzen. Braten Sie darin die Hälfte des Specks kurz an. Porree und Knoblauch unterrühren. Mit dem Mehl bestäuben und mit Brühe, Milch und Sahne aufgießen. Lorbeer dazugeben und aufkochen lassen.
3. Nudeln in die Sauce geben und für ca. 6 Minuten bei niedriger Hitze garen lassen.
4. In der Zwischenzeit den Käse reiben und die Laugenbrezel in kleine Stücke schneiden. Salbei waschen und abtropfen lassen. 2/3 des Käses unter die Sauce rühren, bis er vollständig geschmolzen ist.
5. Die Nudeln mit der Sauce in eine Auflaufform füllen und mit Brezel, Salbei, restlichem Speck und Käse bestreuen. Für ca. 10 Minuten bei 180 °C Umluft in den Backofen geben.

30 min | einfach | 2

# PIZZA DI PARMA

| KH 50 g | EW 29 g | F 20 g | 510 kcal |
|---|---|---|---|

## ZUTATEN

- 125 g Mozzarella
- 1 Zwiebel
- 4 Scheiben Parmaschinken
- ½ Pck. XXL-Pizzateig (aus dem Kühlregal)
- ¼ Dose Oreganopizzasauce
- 1 EL Olivenöl
- Pfeffer
- 25 g Rucola

## ZUBEREITUNG

1. Schneiden Sie zuerst den Mozzarella in feine Scheiben. Schälen Sie anschließend die Zwiebel und schneiden Sie sie in dünne Ringe. Zupfen Sie den Schinken in mundgerechte Stücke.
2. Entrollen Sie den Pizzateig auf einem Backblech und bestreichen Sie ihn mit der Pizzasauce. Verteilen Sie den Schinken, Mozzarella und die Zwiebel auf der Pizza und beträufeln Sie sie mit dem Olivenöl.
3. Geben Sie die Pizza für ca. 15 Minuten bei 220 °C Umluft in den Backofen.
4. Waschen Sie unterdessen den Rucola und bestreuen Sie damit die fertige Pizza.

25 min | einfach | 2

# SENFHÄHNCHEN MIT ERBSEN

KH 7 g | EW 28 g | F 18 g | 303 kcal

## ZUTATEN

- ½ Zwiebel
- ½ Knoblauchzehe
- 250 g Hähnchenbrustfilet
- ½ EL Öl
- Salz
- Pfeffer
- ½ EL Tomatenmark
- 125 ml Gemüsebrühe
- 125 ml Sahne
- ½ EL mittelscharfer Senf
- 150 g Erbsen
- ½ EL Kräuter
- 1 Prise Zucker
- 1 TL Speisestärke
- 1 EL Röstzwiebeln

## ZUBEREITUNG

1. Schälen Sie die Zwiebel und den Knoblauch und schneiden Sie beides in feine Würfel. Schneiden Sie das Hähnchen in Streifen.
2. Geben Sie etwas Öl in eine Pfanne und braten Sie darin das Fleisch an. Geben Sie etwas Salz, Pfeffer, Zwiebel und Knoblauch hinzu. Tomatenmark unterrühren und mit der Gemüsebrühe und Sahne ablöschen. Den Senf einrühren und die Erbsen mit den Kräutern dazugeben.
3. Lassen Sie alles für ca. 5 Minuten kochen. Rühren Sie die Speisestärke mit etwas Wasser an und rühren Sie sie unter die Sauce. Mit etwas Salz, Pfeffer und Zucker abschmecken, anrichten und mit den Röstzwiebeln garnieren.

25 min | einfach | 2

# BEEFSTEAK-STREIFEN MIT PAPRIKASAUCE

KH 3 g | EW 18 g | F 23 g | 310 kcal

## ZUTATEN

- 1 Zwiebel
- 1 Beefsteak
- 1 EL Öl
- Salz
- Pfeffer
- ½ EL Paprika, edelsüß
- 50 ml Weißwein
- 75 g Schlagsahne
- ½ EL Senf
- 2 Stiele Petersilie

## ZUBEREITUNG

1. Schälen Sie die Zwiebel und schneiden Sie sie in feine Streifen. Das Fleisch abtupfen und ebenfalls in Streifen schneiden. Öl in einer Pfanne erhitzen und darin das Fleisch scharf anbraten. Mit Salz und Pfeffer würzen und das gebratene Fleisch herausnehmen. Noch etwas Öl hineingeben und darin die Zwiebel anbraten und mit dem Paprikapulver bestäuben.
2. Mit dem Wein ablöschen und ca. 5 Minuten köcheln lassen. Sahne und Senf unterrühren und weiterkochen lassen. Petersilie waschen und die Blätter fein hacken. Sauce mit etwas Salz und Pfeffer abschmecken und das Fleisch unterrühren. Anrichten und mit der Petersilie garnieren.

25 min | einfach | 2

# BOLOGNESE MIT ZIEGENFRISCHKÄSE

| KH 34 g | EW 32 g | F 29 g | 540 kcal |
|---|---|---|---|

## ZUTATEN

- 1 Zwiebel
- 1 Knoblauchzehe
- 2 Stiele Oregano
- 2 Stiele Thymian
- ½ EL Öl
- 250 g Lammhack; alternativ vom Rind
- 1 Dose Kirschtomaten
- 25 g schwarze Oliven
- Zitronenzesten von ¼ Zitrone
- Salz
- Pfeffer
- Zucker
- 200 g Spaghetti
- 50 g Ziegenfrischkäse

## ZUBEREITUNG

1. Schälen Sie die Zwiebel und den Knoblauch und schneiden Sie beides fein würfelig. Waschen Sie die Kräuter und hacken Sie die Blätter fein.
2. Geben Sie ein wenig Öl in eine Pfanne und braten Sie darin das Hack an. Zwiebel und Knoblauch unterrühren und ebenfalls kurz anbraten. Tomaten, Oliven, Hälfte der Kräuter und Zitronenzesten dazugeben, alles gut verrühren und für ca. 15 Minuten köcheln lassen.
3. Ca. 3 l Salzwasser aufkochen und darin die Nudeln nach Packungsanleitung kochen.
4. Die Sauce mit etwas Salz, Pfeffer und Zucker abschmecken. Die fertigen Nudeln mit der Sauce vermischen und anrichten. Den Frischkäse zerteilen und über die Spaghetti geben. Mit den restlichen Kräutern garnieren.

30 min | einfach | 2

# SCHUPFNUDELPFANNE

| KH 22 g | EW 48 g | F 12 g | 400 kcal |
|---|---|---|---|

## ZUTATEN

- 300 g Putenbrust
- 1 EL Öl
- Salz
- Pfeffer
- ½ Pck. Schupfnudeln
- 1 TL Gemüsebrühe
- 1 EL Doppelrahmfrischkäse
- 150 g Erbsen
- 2 Stiele Minze

## ZUBEREITUNG

1. Schneiden Sie das Fleisch in mundgerechte Würfel und braten Sie es anschließend in einer Pfanne mit etwas Öl an. Würzen Sie es mit etwas Salz und Pfeffer und nehmen Sie das Fleisch anschließend wieder heraus.
2. Geben Sie die Schupfnudeln in die Pfanne und braten Sie sie kurz an. Nehmen Sie auch diese heraus und geben Sie ½ l Wasser in die Pfanne. Sobald das Wasser kocht, die Brühe und den Frischkäse unterrühren. Erbsen hinzugeben und ca. 3 Minuten kochen.
3. Waschen Sie in der Zwischenzeit die Minze und hacken Sie die Blätter fein. Die restlichen Zutaten unter die Frischkäsesauce geben, mit Salz und Pfeffer abschmecken und anrichten.

25 min | einfach | 2

# JÄGERPFANNE

| KH 13 g | EW 22 g | F 50 g | 610 kcal |
|---|---|---|---|

## ZUTATEN

- 200 g Champignons
- 1 Zwiebel
- 2 ½ gebrühte, feine Bratwürste
- 1 ½ EL Öl
- Salz
- Pfeffer
- 50 g Gewürzgurken
- ½ Becher Frischkäsezubereitung „französische Kräuter"
- 2 EL Wildpreiselbeeren

## ZUBEREITUNG

1. Waschen, putzen und halbieren Sie die Champignons. Schälen Sie die Zwiebel und schneiden Sie sie in feine Würfel. Die Würste einfach in grobe Scheiben schneiden.
2. Erhitzen Sie das Öl in einer Pfanne und braten Sie darin die Wurst an. Die Champignons und die Zwiebelwürfel unterrühren und mit Salz und Pfeffer abschmecken.
3. Unterdessen die Gurken in kleine Würfel schneiden. Mit 100 ml Wasser und dem Frischkäse den Inhalt der Pfanne aufgießen und einmal aufkochen lassen. Die Gurke unterrühren und eventuell noch Salz und Pfeffer hinzugeben. Zusammen mit den Preiselbeeren anrichten.

25 min | einfach | 2

# Hauptmahlzeiten

## Fisch

# GNOCCHI-PFANNE MIT LACHS

| KH 48 g | EW 16 g | F 24 g | 520 kcal |
|---|---|---|---|

## ZUTATEN

- ½ Zwiebel
- ½ Knoblauchzehe
- 1 EL Olivenöl
- 1 TL Butter
- 300 g Gnocchi
- 1/8 l trockener Weißwein
- 88 g Doppelrahmfrischkäse
- 1 EL Dill
- Pfeffer
- Salz
- Zucker
- 63 g Stremellachs

## ZUBEREITUNG

1. Schälen Sie die Zwiebel und den Knoblauch und hacken Sie anschließend beides ganz fein. Erhitzen Sie das Öl und die Butter in einer Pfanne und braten Sie darin die Gnocchi kurz an. Anschließend die Zwiebel und den Knoblauch hinzugeben und mit dem Wein ablöschen.
2. Geben Sie den Frischkäse hinzu, bis er vollständig geschmolzen ist. Würzen Sie die Gnocchi-Pfanne mit Dill, Salz, Pfeffer und Zucker.
3. Zupfen Sie den Lachs in mundgerechte Stücke und richten Sie ihn zusammen mit den Gnocchi an.

15 min | einfach | 2

# NUSS-LACHS MIT PELLKARTOFFELN

| KH 36 g | EW 49 g | F 57 g | 880 kcal |
|---|---|---|---|

## ZUTATEN

- ½ Schalotte
- ½ Knoblauchzehe
- 1 Stiel Kerbel
- 1 Stiel Petersilie
- ¼ Bund Schnittlauch
- ½ Beet Kresse
- 400 g kleine Kartoffeln
- 250 g Sahnequark
- 1 EL Olivenöl
- Salz
- Pfeffer
- 2 Lachsfilet mit Haut
- 50 g Haselnussblättchen
- 1 EL Senf
- 1 EL Sonnenblumenöl

## ZUBEREITUNG

1. Waschen und schälen Sie die Kartoffeln. In kochendem Wasser entsprechend der Größe kochen.
2. Schälen Sie den Knoblauch und die Schalotte. Den Knoblauch fein hacken und die Schalotte in feine Würfel schneiden.
3. Waschen Sie den Kerbel, die Petersilie und den Schnittlauch. Zupfen Sie die Blätter von Kerbel und Petersilie und hacken Sie beides fein. Den Schnittlauch ebenfalls hacken. Die Kresse vom Beet abschneiden.
4. Geben Sie die Haselnüsse auf einen Teller und bestreichen Sie den Lachs auf der Fleischseite mit dem Senf. Drücken Sie den Fisch mit dieser Seite in die Haselnüsse.
5. Geben Sie das Sonnenblumenöl in eine Pfanne und braten Sie darin den Fisch an. Zuerst mit der Hautseite und danach mit der Nussseite anbraten.
6. Gießen Sie die Kartoffeln ab und richten Sie sie zusammen mit dem Fisch an. Den Kräuterquark auf den Kartoffeln verteilen und mit Kresse garnieren.

30 min | einfach | 2

# COUSCOUS-GARNELEN-PFANNE

| KH 35 g | EW 20 g | F 10 g | 320 kcal |
|---|---|---|---|

## ZUTATEN

- ½ Pck. gegarte Garnelen
- 1 - 2 EL Olivenöl
- ½ Pck. italienisches Gemüse
- 75 g Couscous
- Salz
- Pfeffer
- Zucker
- ½ El Kräutermischung
- 2 EL heller Balsamico-Essig

## ZUBEREITUNG

1. Erhitzen Sie ein wenig Öl in einer Pfanne und braten Sie darin das Gemüse scharf an. Anschließend bei mittlerer Hitze weitere 6 Minuten garen lassen.
2. In der Zwischenzeit die Garnelen abspülen und die letzten 1-2 Garminuten unter das Gemüse rühren.
3. Währenddessen den Couscous mit ca. 200 ml heißem Wasser übergießen und für ca. 5 Minuten quellen lassen. Mit einer Gabel ein wenig auflockern und mit Salz und Pfeffer abschmecken.
4. Kräuter und etwas Öl miteinander vermischen und ebenfalls mit Salz und Pfeffer würzen.
5. Das Gemüse mit dem Essig ablöschen und den Couscous vorsichtig unterheben. Eventuell noch etwas Salz und Pfeffer dazugeben und anrichten. Das Kräuteröl darüber träufeln und servieren.

25 min | einfach | 2

# LACHS-BURGER MIT SPARGEL

| KH 36 g | EW 30 g | F 46 g | 700 kcal |
|---|---|---|---|

## ZUTATEN

- ½ rote Zwiebel
- 2 Cornichons
- 1 ½ Stiele Dill
- 62 g Mayonnaise
- ½ EL Senf
- Saft von ½ Zitrone
- Salz
- Pfeffer
- 25 g junger Blattspinat
- 5 g Erbsenspargelsprossen
- 250 g grüner Spargel
- 2 Stück Lachsfilet
- 2 EL Olivenöl
- 2 Burger-Brötchen

## ZUBEREITUNG

1. Zwiebel schälen und in feine Würfel schneiden. Cornichons ebenfalls fein würfeln. Dill waschen, abzupfen und fein hacken. Die Mayonnaise mit Senf, 2 EL Zitronensaft, Zwiebel, Cornichons und Dill vermischen. Mit Salz und Pfeffer würzen.
2. Den Spinat und die Sprossen waschen. Spargel ebenfalls waschen und die holzigen Enden abtrennen. Die restliche Stange halbieren.
3. Zwei Pfannen zur Hand nehmen und in jeder 1 EL Olivenöl erhitzen. In der einen Pfanne den Spargel und in der anderen den Lachs für ca. 6 Minuten anbraten. Den restlichen Zitronensaft auf die Pfannen verteilen und beides mit Salz und Pfeffer würzen.
4. Halbieren Sie die Brötchen und belegen Sie die untere Hälfte mit Spinat, Lachs, Spargel und Sprossen. Verteilen Sie die Sauce darüber und setzen Sie den Deckel darauf.

25 min | einfach | 2

# ZANDERFILET MIT AVOCADO-HÜTTENKÄSE-SALAT

| KH 4 g | EW 30 g | F 14 g | 270 kcal |
|---|---|---|---|

## ZUTATEN

- ½ gelbe Paprika
- 100 g Kirschtomaten
- 2 Stiele Basilikum
- ½ Avocado
- 1 ½ EL Zitronensaft
- Salz
- Pfeffer
- 1 EL Olivenöl
- 75 g Hüttenkäse
- 250 g Zanderfilet; mit Haut
- Chilipulver

## ZUBEREITUNG

1. Die Paprika waschen, putzen und würfeln. Die Tomaten waschen und in zwei Hälften schneiden. Das Basilikum waschen und die Blätter vom Stiel zupfen. Halbieren Sie die Avocado der Länge nach, entfernen Sie den Stein, lösen Sie das Fruchtfleisch aus der Schale und schneiden Sie dieses anschließend in dünne Scheiben.
2. Vermischen Sie den Zitronensaft mit Salz, Pfeffer und ½ EL Olivenöl. Paprika, Tomaten, Avocado und Hüttenkäse miteinander vermischen und das Dressing darüber gießen.
3. Den Fisch in zwei gleichgroße Stücke schneiden und mit Salz und Chilipulver würzen. Etwas Olivenöl in eine Pfanne geben und den Fisch darin zuerst mit der Hautseite ca. 2 Minuten anbraten. Danach die andere Seite ebenfalls ca. 2 Minuten braten.
4. Den Salat mit Basilikum verfeinern und zusammen mit dem Fisch anrichten.

30 min | einfach | 2

# ZUCCHINI-FISCH-PFANNE

| KH 9 g | EW 34 g | F 41 g | 560 kcal |
|---|---|---|---|

## ZUTATEN

- ½ rote Paprika
- 1 Zucchini
- ½ Zwiebel
- 1 ½ EL Öl
- ½ EL Mehl
- 75 g Schlagsahne
- ½ TL Gemüsebrühe
- 300 g Lachsfilet
- Salz
- Pfeffer
- Zucker
- 3 Stiele Dill
- Etwas Zitronensaft

## ZUBEREITUNG

1. Die Paprika und die Zucchini waschen, putzen und in kleine Würfel schneiden. Die Zwiebel schälen und ebenfalls würfeln.
2. Alle drei Zutaten in einer Pfanne mit etwas Öl anbraten. Mit dem Mehl bestäuben und mit 350 ml Wasser, Schlagsahne und Brühe ablöschen. Aufkochen und weitere 5 Minuten bei mittlerer Hitze köcheln lassen.
3. Schneiden Sie den Fisch in 4 gleich große Stücke und braten Sie ihn beidseitig in einer Pfanne mit etwas Öl an.
4. Waschen Sie in der Zwischenzeit den Dill, zupfen Sie ihn ab, hacken Sie ihn fein und mischen Sie ihn unter das Gemüse. Dieses mit Zitronensaft, Salz, Pfeffer und Zucker abschmecken.
5. Den Fisch zusammen mit dem Gemüse anrichten.

30 min | einfach | 2

# LACHSFILET AUF KOHLRABI

| KH 9 g | EW 36 g | F 34 g | 500 kcal |
|---|---|---|---|

## ZUTATEN

- ¼ Zitrone
- 300 g Lachsfilet
- Salz
- Pfeffer
- Muskat
- 2 Stiele Estragon
- 2 Stiele Dill
- 2 Stiele Schnittlauch
- 10 g weiche Butter
- ½ EL Mehl
- 400 g Kohlrabi
- 50 g Schlagsahne

## ZUBEREITUNG

1. Waschen Sie die Zitrone und schneiden Sie sie in Scheiben.
2. Nehmen Sie das Lachsfilet und schneiden Sie es in zwei gleich große Stücke. Würzen Sie dieses mit etwas Salz und Pfeffer. Legen Sie beide Lachsfilets auf ein mit Backpapier belegtes Backblech.
3. Waschen Sie die Kräuter und streuen Sie die Hälfte über den Fisch. Den Fisch mit den Zitronenscheiben belegen und das Backblech bei 180 °C Umluft für ca. 15 Minuten in den Backofen geben.
4. Verkneten Sie in der Zwischenzeit die Butter mit dem Mehl und stellen Sie sie anschließend kalt.
5. Schälen Sie den Kohlrabi und schneiden Sie ihn in dünne Scheiben. Geben Sie ¼ l Wasser mit der Sahne und etwas Salz in einen Topf und garen Sie darin den Kohlrabi für etwa 6 Minuten.
6. Hacken Sie die restlichen Kräuter ganz fein. Mehlbutter unter den Kohlrabi mischen und noch ca. 2 Minuten köcheln lassen. Kräuter ebenfalls untermischen und mit Salz, Pfeffer und Muskat abschmecken. Zusammen mit dem Lachs anrichten.

30 min | einfach | 2

# FISCH-STEW

| KH 27 g | EW 34 g | F 25 g | 510 kcal |
|---|---|---|---|

## ZUTATEN

- 150 g Kartoffeln
- 1 EL Öl
- 100 g Karotten
- ½ Fenchelknolle
- ½ Gemüsezwiebel
- ½ Knoblauchzehe
- ½ Dose Mais
- 100 ml trockener Weißwein
- 1 TL Gemüsebrühe
- 125 g Schlagsahne
- 1 EL Mehl
- 300 g Fischfilets ohne Haut (z. B. Zander, Lachs)
- 4 - 6 Garnelen
- 2 Stiele glatte Petersilie
- Salz
- Pfeffer

## ZUBEREITUNG

1. Schälen Sie die Kartoffeln und schneiden Sie sie in grobe Würfel. Erhitzen Sie das Öl in einem Topf und dünsten Sie darin die Kartoffeln.
2. Schälen Sie in der Zwischenzeit die Karotten und schneiden Sie sie in ca. 1 cm dicke Scheiben. Waschen und putzen Sie den Fenchel und schneiden Sie ihn in kleine Stücke. Schälen Sie die Zwiebel und den Knoblauch und hacken Sie beides fein. Lassen Sie den Mais abtropfen.
3. Geben Sie die Karotten, den Fenchel, die Zwiebel und den Knoblauch zu den Kartoffeln. Kurz andünsten und anschließend mit dem Wein, 400 ml Wasser und der Brühe ablöschen. Bei mittlerer Hitze 8 Minuten köcheln lassen. Das Mehl unter die Sahne rühren und unter den kochenden Sud rühren.
4. Das Fischfilet in mundgerechte Stücke schneiden und zusammen mit den Garnelen und dem Mais zum Gemüse geben. Zudecken und weitere 5 Minuten köcheln lassen.
5. Petersilie waschen, Blätter abzupfen und fein hacken. Das Stew mit Salz und Pfeffer abschmecken und mit der Petersilie garnieren.

25 min | einfach | 2

# KABELJAUFILET IN TOMATENSAUCE MIT CHORIZO

| KH 15 g | EW 47 g | F 28 g | 510 kcal |
|---|---|---|---|

## ZUTATEN

- 1 Zwiebel
- 1 ½ Knoblauchzehen
- 150 g Chorizo
- ½ EL Tomatenmark
- 100 ml trockener Rotwein
- 1 Dose stückige Tomaten
- 1 ½ EL Apfelessig
- Salz
- Pfeffer
- Zucker
- 300 g Kabeljaufilet
- ½ Dose Kichererbsen
- 1 - 2 Stiele Oregano

## ZUBEREITUNG

1. Schälen Sie den Knoblauch und die Zwiebel und schneiden Sie beides in feine Würfel.
2. Schneiden Sie die Chorizo in dünne Scheiben und braten Sie sie in einem Topf ohne Fett an. Zwiebel und Knoblauch hinzugeben und das Tomatenmark unterrühren. Mit dem Wein, den Tomaten und dem Essig ablöschen. Mit Salz und Pfeffer abschmecken und bei mittlerer Hitze für ca. 10 Minuten köcheln lassen.
3. Schneiden Sie den Fisch in 4 gleich große Stücke. Die Kichererbsen abspülen und abtropfen lassen. Kurz vor Ende der Garzeit den Fisch und die Kichererbsen in den Topf geben.
4. Waschen Sie in der Zwischenzeit den Oregano und hacken Sie die Blätter fein.
5. Eventuell den Fisch mit Salz, Pfeffer und Zucker würzen. Anrichten und mit dem Oregano garnieren.

30 min | einfach | 2

# BANDNUDELN MIT LACHS-FRISCHKÄSE-SAUCE

| KH 11 g | EW 37 g | F 18 g | 750 kcal |
|---|---|---|---|

## ZUTATEN

- 175 g Bandnudeln
- Salz
- Pfeffer
- 200 g Zucchini
- ½ Zwiebel
- 200 g Lachsfilet
- 1 EL Öl
- 87 g Doppelrahmfrischkäse
- 62 ml Weißwein
- Zesten und Saft von 1 Zitrone
- ½ Bund Basilikum

## ZUBEREITUNG

1. Kochen Sie die Bandnudeln nach Packungsanleitung in einem Topf mit kochendem Salzwasser.
2. Waschen und putzen Sie in der Zwischenzeit die Zucchini und schneiden Sie sie in dünne Scheiben. Schälen Sie die Zwiebel und schneiden Sie sie in feine Würfel. Schneiden Sie den Fisch ebenfalls in kleine Würfel.
3. Braten Sie den Fisch in einer Pfanne mit heißem Öl an. Geben Sie danach die Zucchini und die Zwiebel hinzu. Noch einmal kurz anbraten und mit Salz und Pfeffer würzen. Mit dem Wein, Frischkäse und 1/8 l Wasser ablöschen. Eventuell noch etwas Salz, Pfeffer, Zitronenzesten und -saft dazugeben.
4. Das Basilikum waschen, grob hacken und unter die Sauce rühren.
5. Die Nudeln anrichten und die Sauce darüber geben.

20 min | einfach | 2

# FISCH-RAGOUT MIT KAROTTEN UND CHILI

| KH 11 g | EW 29 g | F 6 g | 220 kcal |
|---|---|---|---|

## ZUTATEN

- ½ Zwiebel
- ½ Chilischote
- 200 g Karotten
- ½ Bund Lauchzwiebeln
- 300 g Seelachsfilet
- 1 EL Öl
- Pfeffer
- Salz
- Currypulver
- ½ TL Gemüsebrühe
- 1 TL Speisestärke

## ZUBEREITUNG

1. Schälen Sie die Zwiebel und schneiden Sie sie in kleine Würfel. Entkernen und waschen Sie die Chilischote und hacken Sie sie fein. Schälen Sie die Karotten und Lauchzwiebeln und schneiden Sie sie in kleine Stücke.
2. Tupfen Sie den Fisch trocken und schneiden Sie ihn in mundgerechte Stücke. Geben Sie ihn in einen Topf mit etwas Öl und braten Sie ihn scharf an. Mit etwas Salz und Pfeffer würzen.
3. Nehmen Sie den Fisch nach dem Anbraten heraus und geben Sie 1 TL Curry in das Bratfett. Mit 400 ml Wasser ablöschen und die Brühe unterrühren. Aufkochen und bei mittlerer Hitze ca. 10 Minuten köcheln lassen.
4. Die Stärke in 2 EL Wasser einrühren und damit das Curry binden. Den Fisch unterrühren und anrichten.

30 min | einfach | 2

# MATJESFILET IN SCHMANDSAUCE

| KH 44 g | EW 25 g | F 50 g | 750 kcal |
|---|---|---|---|

## ZUTATEN

- 400 g mehlige Kartoffeln
- 37 g Speckwürfel
- 1 EL Öl
- 4 Matjesfilet, küchenfertig
- 1 ½ Zwiebeln
- 1 Apfel
- 2 Gewürzgurken
- 2 EL Gurkensud
- 125 g Schmand
- 150 g Vollmilchjoghurt
- Pfeffer
- Zucker
- Salz

## ZUBEREITUNG

1. Schälen Sie die Kartoffeln und schneiden Sie sie in Scheiben. Geben Sie die Speckwürfel in eine Pfanne und braten Sie sie knusprig. Nehmen Sie sie anschließend heraus und geben Sie sie auf die Seite. Erhitzen Sie ein wenig Öl in der Pfanne und braten Sie darin die Kartoffeln an.
2. Schneiden Sie das Fischfilet in kleinere Stücke. Schälen Sie die Zwiebel und schneiden Sie sie in feine Ringe. Äpfel entkernen und zusammen mit der Gurke in kleine Würfel schneiden.
3. Verrühren Sie den Schmand mit dem Joghurt und dem Gurkensud. Geben Sie die vorbereiteten Zutaten dazu und vermischen Sie alles gut. Würzen Sie die Sauce mit etwas Salz, Pfeffer und Zucker.
4. Den Speck unter die Kartoffeln rühren und mit Salz und Pfeffer würzen. Den Matjes mit den Kartoffeln und der Sauce anrichten.

30 min | einfach | 2

# GLACIERTER LACHS AUF BRATREIS

KH 45 g | EW 48 g | F 44 g | 790 kcal

## ZUTATEN

- 2 Eier
- 1 EL Sojasauce
- ½ Bund Lauchzwiebeln
- 300 g Lachsfilet
- Salz
- 2 EL Öl
- 1 EL Chilisauce süß-scharf
- 1 Pck. Express-Basmatireis
- 2 EL geröstete und gesalzene Erdnüsse

## ZUBEREITUNG

1. Verquirlen Sie die Eier mit der Sojasauce. Waschen und putzen Sie die Lauchzwiebeln und schneiden Sie sie in dünne Ringe. Schneiden Sie den Lachs in 2 Stücke und würzen Sie ihn mit Salz
2. Erhitzen Sie etwas Öl in einer Pfanne und braten Sie den Lachs beidseitig an. Bestreichen Sie ihn anschließend mit der Chilisauce und lassen Sie ihn kurz weitergaren.
3. Braten Sie in der Zwischenzeit den Reis mit 2/3 der Lauchzwiebeln in einer Pfanne an. Nehmen Sie beides anschließend aus der Pfanne.
4. Geben Sie die Eier in die Pfanne und lassen Sie sie garen, bis sie gestockt sind. Reis-Lauchzwiebel-Mischung unterrühren.
5. Zusammen mit dem Lachs anrichten und mit den Erdnüssen und den restlichen Lauchzwiebeln garnieren.

25 min | einfach | 2

# Hauptmahlzeiten
## Vegetarisch

# SHAKSHUKA

| KH 13 g | EW 17 g | F 17 g | 280 kcal |
|---|---|---|---|

## ZUTATEN

- ½ Dose Kichererbsen
- ½ Zwiebel
- ½ Knoblauchzehe
- 1 EL Öl
- 1 Dose Tomaten, stückig
- 2 ½ EL Bier
- Salz
- Pfeffer
- Zucker
- 2 Eier
- 25 g Parmesan
- ¼ Bund Rucola

## ZUBEREITUNG

1. Geben Sie die Kichererbsen in ein Sieb und lassen Sie sie abtropfen. Schälen Sie die Zwiebel und den Knoblauch und schneiden Sie beides in kleine Würfel.
2. Dünsten Sie diese in einer Pfanne mit Öl glasig. Geben Sie anschließend die Tomaten, Kichererbsen und das Bier hinzu. Lassen Sie alles aufkochen und schmecken Sie es mit Salz, Pfeffer und etwas Zucker ab. Für weitere 5 Minuten bei geringer Hitze köcheln lassen.
3. Drücken Sie mit einem Löffel 2 Mulden in die Soße und schlagen Sie in diese die Eier. Für weitere 5 bis 7 Minuten garen lassen, bis die Eier gestockt sind.
4. Reiben Sie in der Zwischenzeit den Käse. Waschen Sie den Rucola und zerschneiden Sie ihn grob. Bestreuen Sie das Shakshuka mit dem Käse und dem Rucola und servieren Sie es.

25 min | einfach | 2

# SPAGHETTI AL FINOCCHIO

| KH 66 g | EW 18 g | F 23 g | 560 kcal |
|---|---|---|---|

## ZUTATEN

- Salz
- Pfeffer
- 100 g Schwarz- oder Grünkohl
- ½ Fenchel
- ½ rote Chilischote
- 1 Knoblauchzehe
- 200 g Vollkorn-Spaghetti
- 3 EL Olivenöl
- 1 EL Pinienkerne
- 1 TL helle Chiasamen

## ZUBEREITUNG

1. Kochen Sie ca. 3 - 4 l Salzwasser auf und kochen Sie die Nudeln darin nach Packungsanleitung.
2. Waschen und putzen Sie in der Zwischenzeit den Kohl und schneiden Sie die Blätter in feine Streifen. Waschen und putzen Sie den Fenchel und schneiden Sie ihn in dünne Scheiben. Entkernen und waschen Sie die Chilischote und hacken Sie sie fein. Schälen Sie den Knoblauch und hacken Sie ihn fein.
3. Erhitzen Sie etwas Öl in einer großen Pfanne und dünsten Sie darin den Fenchel für ca. 5 Minuten. Anschließend Kohl, Chili, Knoblauch, Pinienkerne und Chiasamen mitbraten und mit Salz und Pfeffer abschmecken.
4. Sobald die Nudeln fertig sind, abgießen und etwa 150 ml des Kochwassers auffangen. Geben Sie die Nudeln zusammen mit dem Kochwasser in die Pfanne und vermischen Sie alles gut.

25 min | einfach | 2

# KOKOS-CURRY-PFANNE MIT TOFU

| KH 9 g | EW 18 g | F 27 g | 350 kcal |
|---|---|---|---|

## ZUTATEN

- 75 g braune Champignons
- ½ rote Paprikaschote
- 62 g Zuckerschoten
- 200 g Tofu
- ½ Zwiebel
- 1 EL Öl
- ½ TL Currypulver
- ½ Dose Kokosmilch
- Salz
- Pfeffer
- 3 Stiele Koriander
- Limettensaft

## ZUBEREITUNG

1. Waschen Sie zuerst die Pilze und halbieren Sie sie. Putzen und waschen Sie die Paprika und schneiden Sie sie in grobe Stücke. Waschen Sie die Zuckerschoten und schneiden Sie sie in schräge Stücke. Tofu in mundgerechte Würfel schneiden. Zwiebel schälen und fein hacken.
2. Erhitzen Sie das Öl in einer Pfanne und braten Sie darin die Pilze, die Paprika und die Zwiebel an. Geben Sie anschließend die Zuckerschoten und den Tofu hinzu und bestäuben Sie alles mit etwas Currypulver. Mit der Kokosmilch aufgießen und mit etwas Salz und Pfeffer abschmecken. Bei geringer Hitze für weitere 3 Minuten köcheln lassen.
3. In der Zwischenzeit den Koriander waschen und fein hacken. Die Curry-Pfanne dem Limettensaft abschmecken, anrichten und mit dem Koriander garnieren.

25 min | einfach | 2

# CURRY-BOWL

| KH 49 g | EW 8 g | F 21 g | 430 kcal |
|---|---|---|---|

## ZUTATEN

- 100 g Basmatireis
- Salz
- Pfeffer
- ½ Zwiebel
- 1 EL Öl
- ½ TL rote Currypaste
- ½ Dose Kokosmilch
- 250 g Gemüsemischung
- ½ EL Zitronensaft

## ZUBEREITUNG

1. Geben Sie als erstes 400 ml Wasser in einen Kochtopf und kochen Sie darin den Reis nach Packungsanleitung.
2. Schälen Sie in der Zwischenzeit die Zwiebel und schneiden Sie sie in feine Würfel. Geben Sie diese mit etwas Öl in einen Topf und dünsten Sie sie darin zusammen mit der Currypaste an. Anschließend mit der Kokosmilch ablöschen. Die Gemüsemischung unterrühren und für ca. 3 Minuten kochen lassen.
3. Zum Schluss mit etwas Salz, Pfeffer und Zitronensaft abschmecken und zusammen mit dem Reis anrichten.

25 min | einfach | 2

# ERBSENEINTOPF MIT TOFU

| KH 22 g | EW 24 g | F 11 g | 290 kcal |
|---|---|---|---|

## ZUTATEN

- 100 g Babyspinat
- 1 Zwiebel
- ½ Stück Ingwer
- ½ rote Chilischote
- 200 g Tofu
- Salz
- Pfeffer
- Garam Masala (indische Gewürzmischung)
- ¼ TL Kreuzkümmel
- 1 EL Speisestärke
- 1 EL Öl
- 200 g Erbsen

## ZUBEREITUNG

1. Waschen Sie den Spinat. Die Zwiebel und den Ingwer schälen und beides fein würfeln. Die Chilischote entkernen, waschen und in feine Ringe schneiden.
2. Den Tofu in mundgerechte Würfel schneiden und mit etwas Salz und Pfeffer würzen. Anschließend in der Speisestärke wälzen. Etwas Öl in einem Topf erhitzen und den Tofu darin anbraten. Danach herausnehmen und auf die Seite stellen.
3. Die Zwiebel, den Ingwer und die Chili in den Topf geben und andünsten. Mit Garam Masala, Salz und Kreuzkümmel würzen. Mit 1/8 l Wasser ablöschen. Die Erbsen unterrühren. Aufkochen und anschließend den Spinat unterheben.
4. Den Tofu untermischen, noch einmal kurz erwärmen und anschließend anrichten.

30 min | einfach | 2

# SPAGHETTI MIT SPARGEL

| KH 94 g | EW 19 g | F 39 g | 810 kcal |
|---|---|---|---|

## ZUTATEN

- 150 g grüner Spargel
- 1 ½ Zitrone
- ¼ Ciabatta-Brot
- 1 EL Butter
- 200 g Spaghetti
- Salz
- 175 g Schlagsahne
- Pfeffer
- 60 g Erbsen
- 1 EL Sonnenblumenöl
- Zucker
- ¼ Bund Petersilie
- ¼ Topf Minze

## ZUBEREITUNG

1. Waschen Sie den Spargel und entfernen Sie die holzigen Enden. Den Rest in Scheiben schneiden. Die Zitrone heiß abspülen und die Zesten abreiben. Anschließend halbieren und den Saft herauspressen.
2. Schneiden Sie das Brot in dünne Scheiben. Geben Sie die Butter in eine Pfanne und braten Sie darin die Brotscheiben kross an. Lassen Sie es danach auf etwas Küchenpapier abtropfen.
3. Kochen Sie in der Zwischenzeit die Nudeln nach Packungsanleitung in einem Topf mit Salzwasser.
4. Geben Sie die Sahne und den Zitronensaft in einen extra Topf und erhitzen Sie ihn. Mit etwas Salz und Pfeffer abschmecken und die Hälfte der Erbsen unterrühren. Anschließend die Sauce pürieren und danach die übrigen Erbsen unterrühren.
5. Erhitzen Sie etwas Öl in einer Pfanne und braten Sie darin den Spargel mit etwas Salz, Pfeffer und Zucker an.
6. Waschen Sie die Kräuter und zupfen Sie die Blätter von den Stielen. Die gebratenen Brotscheiben einfach zwischen den Händen zerbröseln.
7. Richten Sie die Nudeln an. Vermengen Sie die Sauce mit dem Spargel und gießen Sie diese über die Nudeln. Mit den Bröseln und den Kräutern garnieren.

30 min | einfach | 2

# GNOCCHI MIT SPINAT UND KAROTTEN

| KH 62 g | EW 10 g | F 27 g | 550 kcal |
|---|---|---|---|

## ZUTATEN

- 100 g Babyspinat
- ½ Bund Karotten
- ½ Zwiebel
- 2 EL Olivenöl
- ½ EL Honig
- Pfeffer
- Muskat
- Salz
- ½ Pck. Gnocchi
- 100 g Crème fraîche
- 50 ml Milch
- 1 EL Sonnenblumenkerne

## ZUBEREITUNG

1. Waschen Sie den Spinat und lassen Sie ihn abtropfen. Die Karotten ebenfalls waschen und das Grün entfernen. Ein wenig davon später zum Garnieren verwenden. Die Zwiebel schälen und in feine Würfel schneiden.
2. Erhitzen Sie etwas Öl in einer Pfanne und braten Sie darin die Karotten für ca. 12 - 15 Minuten an. Kurz vor Ende der Bratzeit den Honig unterrühren und mit etwas Salz abschmecken.
3. Unterdessen in einer weiteren Pfanne etwas Öl erhitzen und darin die Gnocchi anbraten. Mit Salz und Muskat würzen, herausnehmen und warm stellen.
4. Die Zwiebel in die Pfanne geben und kurz andünsten. Den Spinat unterrühren und zusammenfallen lassen. Mit Crème fraîche und Milch ablöschen und mit Salz und Pfeffer würzen.
5. Das auf die Seite gelegte Karottengrün ein wenig zerrupfen. Die Gnocchi zusammen mit der Spinatcreme und den Karotten anrichten. Mit Sonnenblumenkernen und Karottengrün garnieren.

25 min | einfach | 2

# SPINAT-TAGLIATELLE

| KH 92 g | EW 22 g | F 44 g | 860 kcal |
|---|---|---|---|

## ZUTATEN

- ½ Zwiebel
- 1 Knoblauchzehe
- 250 g junger Blattspinat
- ½ Chilischote
- 200 g Tagliatelle-Nudeln
- Salz
- 32 g Butter
- 15 g Mehl
- 125 ml Gemüsebrühe
- 100 ml Milch
- 125 g Mascarpone
- 20 g Paniermehl
- ¼ TL Paprika, edelsüß
- Zesten von ½ Zitrone
- Pfeffer
- ½ EL Zitronensaft

## ZUBEREITUNG

1. Die Zwiebel und den Knoblauch schälen und beides fein hacken. Die Chilischote entkernen, waschen und ebenfalls fein hacken. Den Spinat waschen und abtropfen lassen.
2. Die Nudeln nach Packungsanweisung in kochendem Salzwasser zubereiten. Kurz vor Ende der Kochzeit den Spinat hinzugeben.
3. 20 g Fett in einen Topf geben, erhitzen und darin Zwiebel und Knoblauch dünsten. Mit Mehl bestäuben und mit der Brühe und Milch ablöschen. Mascarpone untermischen und bei mittlerer Hitze ca. 5 Minuten köcheln lassen.
4. Restliches Fett in einer Pfanne erhitzen und darin das Paniermehl goldbraun rösten. Chili und Paprika unterrühren.
5. Beim Abgießen der Nudeln etwas Kochwasser auffangen. Zitronenzesten unter die Sauce rühren und mit Salz, Pfeffer und Zitronensaft würzen. Nudel-Spinat-Mischung zur Sauce geben und alles gut vermischen. Ein wenig von dem Kochwasser unterrühren.
6. Anrichten und mit den Chili-Paprika-Bröseln verfeinern.

25 min | einfach | 2

# GEMÜSETORTILLA

| KH 19 g | EW 21 g | F 15 g | 300 kcal |
|---|---|---|---|

## ZUTATEN

- ½ Bund Suppengrün
- 200 g Kartoffeln
- 4 Eier
- Salz
- Pfeffer
- 5 g Butter
- 1 Stiel Oregano
- 100 g Kräuterquark
- Evtl. grober Pfeffer zum Bestreuen

## ZUBEREITUNG

1. Waschen und putzen Sie das Suppengrün und schneiden Sie es in grobe Würfel oder Ringe. Die Kartoffeln schälen und mit der Küchenhobel raspeln.
2. Die Eier aufschlagen und verquirlen. Die Eier mit den Kartoffeln und dem Gemüse vermengen. Mit Salz und Pfeffer würzen.
3. Mit der Butter eine runde Auflaufform oder eine ofenfeste Pfanne ausfetten und die Kartoffel-Mischung hineingeben. Für ca. 20 Minuten bei 200 °C Umluft in den Backofen geben.
4. In der Zwischenzeit den Oregano waschen und die Blätter abzupfen.
5. Die fertige Tortilla auf ein Brett stürzen und mit dem Oregano und eventuell grobem Pfeffer bestreuen. Zusammen mit dem Kräuterquark servieren.

30 min | einfach | 2

# BLUMENKOHL-PFANNE MIT KICHERERBSEN

| KH 17 g | EW 10 g | F 19 g | 290 kcal |
|---|---|---|---|

## ZUTATEN

- ½ Dose Kichererbsen
- ½ Stück Ingwer
- 2 Lauchzwiebeln
- 1 Tomate
- ½ Kopf Blumenkohl
- 2 ½ EL Olivenöl
- 1 ½ EL Currypulver
- 100 g Joghurt
- Salz
- Pfeffer

## ZUBEREITUNG

1. Spülen Sie die Kichererbsen ab und lassen Sie sie abtropfen. Den Ingwer schälen und fein reiben. Die Lauchzwiebeln waschen, putzen und in feine Ringe schneiden. Die Tomaten waschen, den Strunk entfernen und in kleine Würfel schneiden. Den Blumenkohl waschen, putzen und in kleine Röschen schneiden.
2. Etwas Öl in einer Pfanne erhitzen und darin den Blumenkohl anbraten. Kichererbsen, Ingwer und 1 EL Currypulver untermischen.
3. In der Zwischenzeit den Joghurt-Dip zubereiten. Dafür das Joghurt mit ½ EL Currypulver vermischen und mit etwas Salz abschmecken. Tomaten und Lauchzwiebeln unter den Blumenkohl mischen und mit etwas Salz und Pfeffer abschmecken. Zusammen mit dem Joghurt-Dip anrichten.

30 min | einfach | 2

# ZUCCHINI-GRÖSTL MIT EI

| KH 8 g | EW 19 g | F 24 g | 330 kcal |
|---|---|---|---|

## ZUTATEN

- 1 Zucchini
- 1 rote Paprika
- 1 Zwiebel
- 100 g Chorizo
- 1 EL Öl
- Salz
- Pfeffer
- Paprikapulver, edelsüß
- 2 Eier
- 1 Stiel Petersilie

## ZUBEREITUNG

1. Waschen Sie die Zucchini und die Paprika und schneiden Sie beides in kleine Würfel. Schälen Sie die Zwiebel und schneiden Sie sie in Spalten. Schneiden Sie die Chorizo in dünne Scheiben.
2. Erhitzen Sie etwas Öl in einer Pfanne und braten Sie darin die Chorizo knusprig. Anschließend herausnehmen und auf etwas Küchenpapier abtropfen lassen.
3. Die Zwiebel, Paprika und Zucchini in der Pfanne anbraten und mit Salz, Pfeffer und Paprikapulver würzen. Heben Sie die Chorizo unter das Gemüse.
4. In eine zweite Pfanne etwas Öl geben und darin die Eier zu Spiegeleiern braten. Mit Salz und Paprikapulver würzen.
5. Petersilie waschen, Blätter abzupfen und fein hacken. Chorizo-Gemüse anrichten, Spiegeleier darauf geben und mit der Petersilie garnieren.

25 min | einfach | 2

# NUDEL-EINTOPF MIT GEMÜSE

| KH 54 g | EW 13 g | F 9 g | 360 kcal |
|---|---|---|---|

## ZUTATEN

- ½ Zwiebel
- ½ Knoblauchzehe
- 1 Karotte
- 100 g Stangensellerie
- 1 ½ EL Öl
- ½ EL Tomatenmark
- ½ Dose Tomaten
- Salz
- Pfeffer
- Zucker
- Paprikapulver, edelsüß
- 100 g Hörnchennudeln
- ¼ Bund Petersilie
- ½ Dose weiße Bohnenkerne

## ZUBEREITUNG

1. Schälen Sie die Zwiebel und den Knoblauch und schneiden Sie beides in kleine Würfel. Schälen Sie die Karotten und schneiden Sie diese ebenfalls würfelig. Putzen Sie den Sellerie und schneiden Sie ihn in kleine Stücke.
2. Erhitzen Sie etwas Öl in einem Topf und dünsten Sie darin Knoblauch, Zwiebel, Karotten und Sellerie. Tomatenmark unterrühren und mit dem Tomatensaft und ¾ l Wasser ablöschen. Mit Salz, Pfeffer, Zucker und Paprikapulver würzen. Zudecken und bei mittlerer Hitze ca. 10 Minuten köcheln lassen.
3. In der Zwischenzeit die Nudeln nach Packungsanleitung in einem Topf mit kochendem Salzwasser zubereiten.
4. Waschen Sie die Petersilie und hacken Sie die Blätter fein. Gießen und spülen Sie die Bohnen ab und geben Sie sie mit der Petersilie zum Eintopf. Eventuell noch etwas Salz und Pfeffer dazugeben und zusammen mit den Nudeln anrichten.

25 min | einfach | 2

# VEGETARISCHE SPAGHETTI BOLOGNESE

| KH 63 g | EW 35 g | F 14 g | 540 kcal |
|---|---|---|---|

## ZUTATEN

- 75 g feine Soja-Schnitzel
- ½ Zweig Rosmarin
- 200 g Spaghetti
- 1 Dose stückige Tomaten
- 25 g Parmesan
- 1 EL Olivenöl
- Salz
- Zucker

## ZUBEREITUNG

1. Übergießen Sie die Soja-Schnitzel nach Packungsanleitung mit warmem Wasser und lassen Sie sie für ca. 5 Minuten quellen. Waschen Sie den Rosmarin.
2. Kochen Sie die Spaghetti nach Packungsanweisung in einem Topf mit kochendem Salzwasser.
3. Erhitzen Sie etwas Öl in einer Pfanne und braten Sie darin die Soja-Schnitzel an. Streifen Sie die Nadeln vom Rosmarinzweig ab und braten Sie diese ebenfalls mit an. ½ EL Zucker darüber streuen und die Tomaten unterrühren. Bei mittlerer Hitze ca. 5 Minuten köcheln lassen.
4. Reiben Sie den Parmesan. Fangen Sie beim Abgießen der Nudeln etwas Kochwasser auf. Die Nudeln mit der Sauce, dem Parmesan und 6 EL Kochwasser im Topf vermengen und anrichten.

20 min | einfach | 2

# Hauptmahlzeiten

## Low Carb

# SPINAT-PILZ-OMELETT

| KH 2 g | EW 20 g | F 28 g | 340 kcal |
|---|---|---|---|

## ZUTATEN

- 100 g Champignons
- 25 g Baby-Spinatblätter
- 4 Eier
- 4 EL Schlagsahne
- Salz
- Pfeffer
- Muskatnuss, gerieben
- 1 EL Öl
- 30 g Mozzarella-Käse

## ZUBEREITUNG

1. Waschen und säubern Sie die Pilze und teilen Sie sie dann in Viertel. Waschen Sie den Spinat und lassen Sie ihn kurz abtropfen. Verquirlen Sie die Eier mit der Schlagsahne und schmecken Sie die Mischung mit Salz, Pfeffer und Muskatnuss ab.
2. Erhitzen Sie das Öl in einer Pfanne und braten Sie darin die Pilze kurz an. Geben Sie den Spinat hinzu und gießen Sie die Eier-Mischung darüber. Lassen Sie alles bei mittlerer Hitze köcheln, bis die Eier vollständig gestockt sind (ca. 8 Minuten).
3. Schneiden Sie in der Zwischenzeit den Mozzarella in mundgerechte Stücke und streuen Sie diese kurz vor Ende der Garzeit über das Omelett.

15 min | einfach | 2

# HÄHNCHENSPIESS AUF BUNTEM GARTENSALAT

| KH 5 g | EW 14 g | F 14 g | 200 kcal |
|---|---|---|---|

## ZUTATEN

- ¼ Salatgurke
- ½ Kohlrabi
- 100 g Baby-Römersalat
- 2 Stiele gemischte Kräuter (z. B. Petersilie, Kerbel, Dill, Basilikum)
- 50 g (laktosefreier) Schmand
- 2 EL (laktosefreie) Milch
- Salz
- Pfeffer
- Zitronensaft
- Zucker
- Ca. 200 g Hähnchenfilet
- Paprika, edelsüß
- 1 EL Öl
- ¼ Glas eingelegte Maiskolben
- 4 Holzspieße

## ZUBEREITUNG

1. Waschen und schälen Sie die Gurke und den Kohlrabi. Schneiden Sie anschließend beides in dünne Scheiben. Nehmen Sie eventuell einen Hobel zur Hilfe. Waschen Sie den Salat und die Kräuter. Den Salat grob schneiden und die Blätter der Kräuter fein hacken.
2. Verrühren Sie die Kräuter mit dem Schmand und der Milch. Mit etwas Salz, Pfeffer, Zucker und Zitronensaft abschmecken.
3. Das Hähnchenfilet in Streifen schneiden und wellenförmig auf die Holzspieße stecken. Das Fleisch mit Salz, Pfeffer und Paprika würzen.
4. Erhitzen Sie das Öl in einer Pfanne und braten Sie darin die Hähnchenspieße knusprig.
5. In der Zwischenzeit die Maiskolben abgießen und abtropfen lassen. Mit der Gurke, dem Kohlrabi und dem Salat vermischen und auf einem Teller anrichten.
6. Die fertigen Hähnchenspieße darauf geben und mit dem Dressing verfeinern.

20 min | einfach | 2

# OMELETT MIT LINSEN

| KH 12 g | EW 27 g | F 40 g | 510 kcal |
|---|---|---|---|

## ZUTATEN

- 4 Eier
- 4 EL Milch
- 2 EL Öl
- Salz
- Pfeffer
- ½ rote Chilischote
- 1 Knoblauchzehe
- 1 EL Öl
- 50 g rote Linsen
- 2 EL Weißweinessig
- 4 EL Orangensaft
- 4 EL Wasser
- 3 Stiele Koriander
- 1 EL Sriracha (Chilisoße)
- 100 g Feta

## ZUBEREITUNG

1. Verquirlen Sie die Eier mit der Milch und würzen Sie alles mit etwas Salz und Pfeffer. Erhitzen Sie das Öl in einer Pfanne und gießen Sie die Eiermischung hinein. Lassen Sie diese für ca. 5 Minuten garen, bis die Eier beginnen zu stocken. Danach wenden und auf der anderen Seite ebenfalls kurz anbraten.
2. In der Zwischenzeit die Chilischote putzen und in feine Ringe schneiden. Die Knoblauchzehe schälen und ganz fein hacken. Etwas Öl in einem Topf erhitzen und darin Chili und Knoblauch dünsten. Die Linsen hinzugeben und mit dem Weißweinessig, dem Orangensaft und dem Wasser aufgießen. Ca. 8 Minuten bei niedriger Hitze köcheln lassen.
3. Unterdessen den Koriander waschen und grob hacken. Unter die Linsen rühren und mit etwas Salz und Pfeffer abschmecken.
4. Den Feta in Würfel schneiden. Das Omelett anrichten und mit dem Linsensalat garnieren. Mit etwas Chilisoße verfeinern und die Feta-Würfel darüber streuen.

20 min | einfach | 2

# FISCHFILET IN SENFHÜLLE

| KH 14 g | EW 38 g | F 20 g | 400 kcal |
|---|---|---|---|

## ZUTATEN

- 75 g Babyleafsalat
- 1 EL mittelscharfer Senf
- ½ TL Zitronensaft
- 1 EL Balsamico-Essig, hell
- 2 EL Rapsöl
- Salz
- Pfeffer
- 375 g Fischfilet (z. B. Rotbarsch oder Kabeljau)
- 1 Ei
- 2 ½ EL Mehl
- 50 g Semmelbrösel

## ZUBEREITUNG

1. Waschen Sie den Babyleafsalat. Vermischen Sie den Senf mit dem Zitronensaft und dem Essig. Geben Sie das Öl hinzu und schmecken Sie alles mit etwas Salz und Pfeffer ab.
2. Schneiden Sie den Fisch in 2 Stücke und würzen Sie ihn mit Salz und Pfeffer. Verquirlen Sie das Ei mit 1 EL Senf.
3. Nun geht es ans Panieren. Wenden Sie dafür den Fisch zuerst in Mehl, danach in der Ei-Senf-Mischung und anschließend in den Semmelbröseln. Wiederholen Sie dies mit dem anderen Filet.
4. Erhitzen Sie etwas Öl in einer Pfanne und braten Sie darin den Fisch ca. 4 Minuten je Seite.
5. Marinieren Sie den Salat mit der Vinaigrette und servieren Sie ihn zusammen mit dem Fisch.

20 min | einfach | 2

# HÄHNCHEN-CURRY

| KH 7 g | EW 32 g | F 24 g | 370 kcal |
|---|---|---|---|

## ZUTATEN

- ½ Zwiebel
- ½ Knoblauchzehe
- 1 ½ Tomaten
- 250 g Hähnchenfilet
- 1 EL Öl
- ½ EL Currypulver
- ½ Dose Kokosmilch
- 125 g junger Spinat
- Salz
- Pfeffer

## ZUBEREITUNG

1. Schälen Sie die Zwiebel und schneiden Sie sie in feine Würfel. Schälen Sie den Knoblauch ebenfalls und drücken Sie ihn durch die Knoblauchpresse. Waschen Sie die Tomaten, entfernen Sie den Strunk und schneiden Sie sie in grobe Würfel. Das Hähnchenfleisch in mundgerechte Stücke schneiden.
2. Erhitzen Sie etwas Öl in einer Pfanne und braten Sie darin das Fleisch für ca. 5 Minuten an. Geben Sie anschließend Zwiebel und Knoblauch dazu. Bestäuben Sie das Fleisch mit Currypulver und dünsten Sie es kurz.
3. Anschließend die Tomatenwürfel unterrühren und weitere 3 bis 4 Minuten garen lassen. Mit der Kokosmilch ablöschen und weitere 10 Minuten bei geringer Hitze garen.
4. Waschen Sie in der Zwischenzeit den Spinat und lassen Sie ihn kurz abtropfen. Geben Sie ihn kurz vor Ende der Garzeit zum Hähnchen, bis er vollständig zusammengefallen ist. Eventuell mit etwas Salz und Pfeffer abschmecken und servieren.

| 20 min | einfach | 2 |
|---|---|---|

# SPIEGELEIER AUF TOMATEN UND CHORIZO

| KH 4 g | EW 17 g | F 25 g | 320 kcal |
|---|---|---|---|

## ZUTATEN

- 1 Zwiebel
- 100 g Kirschtomaten
- 75 g Chorizo
- 1 EL Öl
- Salz
- Pfeffer
- 2 Eier
- 1 ½ Stiele Basilikum

## ZUBEREITUNG

1. Schälen Sie die Zwiebel und schneiden Sie sie anschließend in feine Spalten. Waschen Sie die Tomaten, entfernen Sie den Strunk und halbieren Sie sie. Häuten Sie die Chorizo und schneiden Sie die Wurst in dünne Scheiben.
2. Geben Sie ein wenig Öl in eine Pfanne und braten Sie darin die Wurst beidseitig an. Braten Sie die Zwiebelspalten ebenfalls kurz mit und geben Sie anschließend die Tomaten kurz zum Schmoren hinzu. Würzen Sie alles mit etwas Salz und Pfeffer.
3. Schlagen Sie die Eier auf und geben Sie sie in die Pfanne. Decken Sie diese zu und lassen Sie die Eier 4 - 6 Minuten bei mittlerer Hitze braten.
4. Waschen Sie in der Zwischenzeit das Basilikum und hacken Sie die Blätter grob.
5. Die Eier mit Salz und Pfeffer würzen und mit dem Basilikum garnieren.

| 25 min | einfach | 2 |
|---|---|---|

# HÄHNCHENFILET IN ORANGENSAUCE

| KH 10 g | EW 43 g | F 24 g | 440 kcal |
|---|---|---|---|

## ZUTATEN

- ½ Salatgurke
- 1 Lauchzwiebel
- ½ kleine rote Chilischote
- 2 EL Balsamico-Essig, hell
- Salz
- Pfeffer
- Zucker
- 2 ½ EL Olivenöl
- 2 Hähnchenfilets
- 1 Orange
- 75 g Schmand

## ZUBEREITUNG

1. Waschen Sie die Gurke und schneiden Sie sie längs in dünne Streifen. Die Lauchzwiebel ebenfalls waschen und in feine Ringe schneiden. Die Chilischote entkernen, waschen und auch in Ringe schneiden.
2. Den Essig mit Salz, Pfeffer, Zucker und Öl zu einem Dressing vermischen.
3. Das Hähnchen mit Salz und Pfeffer würzen und in einer Pfanne mit etwas Öl beidseitig anbraten.
4. In der Zwischenzeit die Orange schälen und die weiße Haut entfernen. Schneiden Sie aus der Orange die Filets heraus und drücken Sie den Saft aus den Trennhäuten. Den Orangensaft und den Schmand zum Hähnchen geben und aufkochen lassen. Eventuell mit Salz und Pfeffer abschmecken. Die Orangenfilets unterrühren und kurz erwärmen.
5. Gurke, Lauchzwiebel und Chili miteinander vermischen und mit dem Dressing verfeinern. Zusammen mit dem Hähnchen servieren.

25 min | einfach | 2

# STEAK-AVOCADO-PFANNE

| KH 4 g | EW 27 g | F 34 g | 430 kcal |
|---|---|---|---|

## ZUTATEN

- 300 g Kirschtomaten
- 1 Zwiebel
- ½ Bund Petersilie
- 1 reife Avocado
- 2 EL Limettensaft
- 1 Ribeye-Steak
- 2 EL Olivenöl
- Salz
- Pfeffer

## ZUBEREITUNG

1. Waschen Sie die Tomaten, entfernen Sie den Strunk und halbieren Sie sie. Schälen Sie die Zwiebel und schneiden Sie sie in grobe Würfel. Petersilie waschen und die Blätter fein hacken. Entsteinen Sie die Avocado und lösen Sie das Fruchtfleisch aus der Schale. Schneiden Sie dieses in kleine Stücke und geben Sie den Limettensaft darüber. Schneiden Sie das Steak in Streifen.
2. Erhitzen Sie etwas Öl in einer Pfanne und braten Sie darin die Steakstreifen beidseitig an. Mit etwas Salz und Pfeffer würzen und anschließend herausnehmen.
3. Die Zwiebel und die Tomaten in die Pfanne geben und kurz anbraten. Fleisch und Avocado unterrühren und eventuell mit Salz und Pfeffer nachwürzen. Anrichten und mit der Petersilie garnieren.

20 min | einfach | 2

# PAPRIKA MIT PUTE GEFÜLLT

| KH 6 g | EW 23 g | F 8 g | 190 kcal |
|---|---|---|---|

## ZUTATEN

- 150 g Putenschnitzel
- 1 Beutel fertiges Sauerkraut
- 2 Stiele Petersilie
- 4 EL fettarmer Joghurt
- 1 TL scharfer Senf
- Salz
- Pfeffer
- 1 rote Paprikaschote
- 2 TL Öl
- Paprikapulver, edelsüß

## ZUBEREITUNG

1. Schneiden Sie das Fleisch in grobe Würfel. Das Sauerkraut mit kaltem Wasser abspülen. Waschen Sie die Petersilie und hacken Sie die Blätter fein.
2. Verrühren Sie das Joghurt mit dem Senf und geben Sie etwas Salz und Pfeffer hinzu.
3. Waschen, halbieren und putzen Sie die Paprika. Erhitzen Sie etwas Öl in einer Pfanne und braten Sie darin die Paprika beidseitig an. Danach herausnehmen und warm stellen.
4. Die Putenwürfel in der Pfanne anbraten und mit Salz, Pfeffer und Paprikapulver würzen. Das Sauerkraut dazugeben und kurz erhitzen.
5. Die Puten-Sauerkraut-Mischung in die Paprika füllen und die Senfcreme darüber verteilen. Mit der Petersilie garnieren.

15 min | einfach | 2

# Desserts und Nachspeisen

# HEIDELBEER-QUARKSTREIFEN

| KH 23 g | EW 2 g | F 8 g | 180 kcal |
|---|---|---|---|

## ZUTATEN

- 50 g Heidelbeeren
- 1 Pck. Blätterteig
- 1 Eiweiß
- 2 EL Zucker
- 100 g Sahnequark
- 3 EL Heidelbeerkonfitüre
- 100 g Puderzucker

## ZUBEREITUNG

1. Geben Sie das Eiweiß und den Zucker in eine Rührschüssel und schlagen Sie beides steif. Rühren Sie anschließend den Quark unter. Vermischen Sie die Beeren mit der Konfitüre.
2. Entrollen Sie den Blätterteig und schneiden Sie ihn an den Längsseiten mit einem Abstand von 2 cm ca. 5 cm tief ein. Verteilen Sie die Quarkmasse auf dem mittleren Teigstreifen und verteilen Sie darauf die Heidelbeeren.
3. Klappen Sie die eingeschnittenen Teigstreifen abwechselnd leicht schräg in die Mitte über die Füllung.
4. Ziehen Sie den Kuchen auf ein Backblech und geben Sie ihn bei 200 °C Umluft für ca. 20 Minuten in den Backofen.
5. Lassen Sie den Kuchen nach dem Backen kurz abkühlen. Vermischen Sie den Puderzucker mit 2 EL Wasser und beträufeln Sie damit den Kuchen.

30 min | einfach | 2

# TASSENBROWNIE

| KH 81 g | EW 18 g | F 14 g | 540 kcal |
|---|---|---|---|

## ZUTATEN

- 8 EL Mehl
- 8 EL Zucker
- 6 EL Backkakao
- 2 Messerspitzen Backpulver
- 2 Prisen Salz
- 12 EL Milch
- 6 EL Öl

## ZUBEREITUNG

1. Fetten Sie zuerst 2 Tassen aus. Geben Sie danach in jede Tasse jeweils die Hälfte Mehl, Zucker, Backkakao, Backpulver und Salz. Dasselbe gilt für Ei, Milch und Öl.
2. Verrühren Sie alles mit einer Gabel. Stellen Sie die Tassen auf ein Unterteller und geben Sie diese nacheinander bei 800 Watt für ca. 2 ½ Minuten in die Mikrowelle.

8 min | einfach | 2

# KAROTTENKUCHEN AUS DER TASSE

| KH 57 g | EW 7 g | F 32 g | 540 kcal |
|---|---|---|---|

## ZUTATEN

- 88 g Karotten
- 38 g Pecannusskerne
- 2 EL Öl
- 1 EL Milch
- ½ Pck. Vanillezucker
- 50 g brauner Zucker
- 75 g Mehl
- ½ TL Backpulver
- Salz
- ¼ TL Zimt
- 50 g Schlagsahne
- Etwas Butter zum Ausfetten

## ZUBEREITUNG

1. Schälen Sie die Karotten und reiben Sie sie fein. Hacken Sie die Pecannüsse klein.
2. Verrühren Sie das Öl mit Milch, Vanillezucker und Zucker. Das Mehl mit Backpulver, Salz und Zimt vermischen und unter die Milch-Mischung rühren. Die Karotten und von den Pecannüssen alles bis auf 1 EL unterrühren.
3. Fetten Sie 2 Tassen aus und befüllen Sie diese mit dem Teig. Geben Sie die Tassen nacheinander bei 800 Watt für ca. 2 bis 3 Minuten in die Mikrowelle.
4. Schlagen Sie in der Zwischenzeit die Sahne steif und geben Sie je 1 Klecks auf die Kuchen. Mit den übrigen Nüssen und etwas Zimt bestreuen.

25 min | einfach | 2

# BUTTERKUCHEN MIT KIRSCHKONFITÜRE

| KH 42 g | EW 6 g | F 17 g | 350 kcal |
|---|---|---|---|

## ZUTATEN

- 200 g weiche Butter
- 100 g Butter
- 500 g Mehl
- 400 g Zucker
- 1 Pck. Vanillezucker
- 8 Eier
- 2 TL Backpulver
- Salz
- 370 g Kirschkonfitüre
- 200 g Mandelstifte

## ZUBEREITUNG

1. Geben Sie die weiche Butter, 200 g Zucker und den Vanillezucker in eine Rührschüssel und rühren Sie die Zutaten cremig.
2. Rühren Sie die Eier nach und nach unter. Vermischen Sie das Mehl mit dem Backpulver und 1 Prise Salz. Rühren Sie die Mehl-Mischung vorsichtig unter die Butter-Mischung.
3. Fetten Sie ein Backblech aus und verteilen Sie den Teig darauf gleichmäßig.
4. Drücken Sie mit einem Esslöffel ca. 20 Mulden in den Teig und befüllen Sie diese mit der Konfitüre.
5. Vermischen Sie die Mandeln mit 200 g Zucker und verteilen Sie diese auf dem Kuchen. Die restlichen 100 g Butter schneiden Sie in kleine Stücke und verteilen diese ebenfalls auf dem Kuchen.
6. Geben Sie den Kuchen bei 200 °C Umluft für ca. 20 Minuten in den Backofen.

25 - 30 min | einfach | 2

## ERDBEER-JOGHURT-CREME MIT MÜSLI

| KH 39 g | EW 14 g | F 9 g | 300 kcal |
|---|---|---|---|

### ZUTATEN

- 125 g Erdbeeren
- 2 ½ EL Zucker
- 1 ½ EL Zitronensaft
- 150 g Vollmilchjoghurt
- 125 g Magerquark
- 2 Stück „Scho-Ka-Kola", aus der Dose
- 50 g Crunchy Müsli

### ZUBEREITUNG

1. Waschen Sie die Erdbeeren, putzen Sie sie und schneiden Sie alle bis auf 2 Stück in feine Würfel. Rühren Sie ½ EL Zucker und Zitronensaft unter und lassen Sie alles für ca. 5 Minuten ziehen. Vermischen Sie in der Zwischenzeit 1 ½ EL Zucker mit dem Joghurt und dem Quark. Anschließend mit 1 EL Zitronensaft abschmecken.
2. Zerdrücken Sie die Erdbeerwürfel mit einer Gabel. Hacken Sie das Scho-Ka-Kola grob und vermischen Sie es mit der Hälfte des Müslis. Verteilen Sie dieses auf 2 Gläser.
3. Geben Sie abwechselnd das Erdbeerpüree und die Joghurtcreme in die Gläser. Wenn die Gläser gefüllt sind, mit einer Gabel das Püree und die Creme miteinander verstrudeln.
4. Halbieren Sie die übrigen Erdbeeren und garnieren Sie damit und mit dem Scho-Ka-Kola das Dessert.

20 min | einfach | 2

## ESPRESSO-CREME

| KH 32 g | EW 20 g | F 28 g | 470 kcal |
|---|---|---|---|

### ZUTATEN

- 3 TL Espressopulver
- 62 g Mascarpone
- 250 g Magerquark
- 25 g + 1 EL Zucker
- 100 g Schlagsahne
- 2 EL schokolierte Kaffeebohnen
- ½ TL Staubzucker

### ZUBEREITUNG

1. Lösen Sie das Espressopulver mit 6 EL heißem Wasser in einer Tasse auf und lassen Sie es abkühlen.
2. Den Mascarpone mit dem Quark, der Hälfte des Espresso und dem Zucker mit dem Schneebesen glattrühren. Schlagen Sie die Sahne steif und geben Sie 1 EL Zucker dazu. Heben Sie die Sahne vorsichtig unter die Creme und lassen Sie den restlichen Espresso mit einer Gabel einstrudeln.
3. Füllen Sie die Creme in 2 Gläser und bestreuen Sie sie mit den Kaffeebohnen und dem Staubzucker.

20 min | einfach | 2

# BANANEN-ANANAS-GRATIN

| KH 56 g | EW 3 g | F 19 g | 410 kcal |
|---|---|---|---|

## ZUTATEN

- ½ Dose Ananasringe
- 1 Banane
- ½ EL Zitronensaft
- 10 g Butter
- 2 EL Zucker
- ½ Pck. Gebäckrollen
- 100 ml Kokosmilch

## ZUBEREITUNG

1. Gießen Sie die Ananas ab und schneiden Sie die Ringe in Stücke. Schälen Sie die Banane und schneiden Sie sie in schräge Scheiben. Die Banane mit etwas Zitronensaft beträufeln.
2. Schmelzen Sie die Butter in einer Pfanne und braten Sie darin die Ananas an. Die Banane unterrühren und ebenfalls kurz anbraten. Geben Sie 1 EL Zucker darüber und lassen Sie das Obst leicht karamellisieren. Füllen Sie das Obst anschließend in eine befettete Auflaufform.
3. Legen Sie die Röllchen auf die Bananen-Ananas-Mischung und gießen Sie die Kokosmilch darüber. Streuen Sie 1 EL Zucker darüber und geben Sie den Auflauf bei 200 °C Umluft für ca. 15 - 20 Minuten in den Backofen.

25 min | einfach | 2

# FRIESENCREME

| KH 39 g | EW 13 g | F 23 g | 420 kcal |
|---|---|---|---|

## ZUTATEN

- ½ Scheibe Blätterteig
- 150 g + ½ EL Zucker
- 250 g Sahnequark
- ½ Pck. Vanillezucker
- 62 g Schlagsahne
- ¼ Becher Pflaumenaufstrich

## ZUBEREITUNG

1. Streuen Sie 1 TL Zucker auf die Arbeitsfläche und legen Sie den Blätterteig darauf. Streuen Sie einen weiteren TL auf den Blätterteig und rollen Sie diesen mit der Teigrolle doppelt so groß aus. Legen Sie den ausgerollten Blätterteig auf ein mit Backpapier belegtes Backblech und backen Sie ihn bei 200 °C Umluft ca. 15 Minuten.
2. Vermischen Sie in der Zwischenzeit den Sahnequark mit dem Zucker und dem Vanillezucker. Schlagen Sie die Sahne steif und heben Sie sie vorsichtig unter.
3. Zerbrechen Sie den abgekühlten Blätterteig in kleine Stücke.
4. Schichten Sie abwechselnd die Quarkcreme, den Pflaumenaufstrich und die Blätterteigstücke in eine Schüssel.

25 min | einfach | 2

# HIMBEER-COOKIE-TRIFLE

| KH 33 g | EW 9 g | F 23 g | 380 kcal |
|---|---|---|---|

## ZUTATEN

- 75 g Himbeeren
- 65 g Double-Chocolate-Cookies
- 75 g Schlagsahne
- 150 g Vanillequark

## ZUBEREITUNG

1. Zerbröseln Sie die Kekse grob.
2. Schlagen Sie die Sahne steif und heben Sie den Quark unter.
3. Schichten Sie die Vanillecreme, die Beeren und die Keksbrösel abwechselnd in eine Schüssel.

5 min | einfach | 2

# SCHOKOKUSS-CREME MIT MANDARINEN

| KH 42 g | EW 11 g | F 21 g | 408 kcal |
|---|---|---|---|

## ZUTATEN

- 4 Schaumküsse
- 100 g Schlagsahne
- 125 g Magerquark
- ½ Dose Mandarinen
- ½ Pck. gefüllte Kakaokekse

## ZUBEREITUNG

1. Lösen Sie vorsichtig die Schaumküsse von den Waffeln. Schlagen Sie die Sahne steif. Verrühren Sie die Schaumküsse mit dem Quark. Heben Sie die Sahne vorsichtig unter.
2. Lassen Sie die Mandarinen abtropfen. Hacken Sie die Kekse klein.
3. Schichten Sie die Kekse, die Mandarinen und die Creme abwechselnd in Gläser und garnieren Sie diese mit den Waffeln.

15 min | einfach | 2

# CHOCOLATE-CHIP-BECHER

| KH 53 g | EW 21 g | F 52 g | 790 kcal |
|---|---|---|---|

## ZUTATEN

- 10 EL gemahlene Haselnüsse
- 2 EL Mehl
- 6 EL Zucker
- 2 Pck. Vanillezucker
- 1 TL Backpulver
- 2 Prisen Salz
- 2 Eier
- 4 EL Milch
- 4 EL Öl
- 6 EL Schokotröpfchen

## ZUBEREITUNG

1. Vermischen Sie die Haselnüsse mit dem Mehl, Zucker, Vanillezucker, Backpulver und Salz. Fügen Sie anschließend die Eier, die Milch und das Öl hinzu. Verrühren Sie alles gut miteinander.
2. Heben Sie 4 EL Schokotröpfchen unter und verteilen Sie die Masse auf zwei eingefettete Tassen.
3. Stellen Sie jede Tasse auf ein Unterteller und geben Sie sie nacheinander bei 800 Watt für ca. 2-3 Minuten in die Mikrowelle. Streuen Sie sofort nach dem Herausnehmen 1 EL Schokotröpfchen darauf.

8 min | einfach | 2

# GRIESSBREI BRÛLÉE MIT ORANGEN

| KH 45 g | EW 7 g | F 5 g | 260 kcal |
|---|---|---|---|

## ZUTATEN

- ½ Orange
- 275 ml Milch
- 1 Prise Salz
- 1 ½ EL Zucker
- Mark von 1 Vanilleschote
- 37 g Weichweizengrieß
- 25 g brauner Zucker

## ZUBEREITUNG

1. Reiben Sie die Zesten von der Orange ab und pressen Sie sie anschließend aus.
2. Vermischen Sie die Milch mit Salz, Zucker, Orangenzesten und Vanillemark und lassen Sie sie aufkochen.
3. Rühren Sie den Grieß ein. Unter Rühren aufkochen lassen und anschließend ca. 5 Minuten quellen lassen. Anschließen den Orangensaft unterrühren.
4. Den Grießbrei in feuerfeste Gläser füllen, mit dem braunen Zucker bestreuen und mit einem Brûlée-Brenner karamellisieren.

2 min | einfach | 2

# NUTELLA-MOUSSE MIT PISTAZIEN

KH 33 g | EW 7 g | F 40 g | 520 kcal

## ZUTATEN

- 87 g Nutella
- 125 g Schmand
- ½ EL Espressopulver
- ½ EL Kakaopulver
- 50 g Schlagsahne
- ½ Pck. gehackte Pistazien
- ½ Apfel
- Etwas Zitronensaft
- Minze, zum Garnieren

## ZUBEREITUNG

1. Vermischen Sie das Nutella mit dem Schmand, dem Espressopulver und dem Kakao.
2. Schlagen Sie die Sahne steif und heben Sie diese zusammen mit dem Großteil der Pistazien unter die Creme.
3. Den Apfel entkernen und in kleine Würfel schneiden. Etwas Zitronensaft darüber träufeln.
4. Füllen Sie die Creme in Gläser und verteilen Sie die Apfelwürfel darauf. Mit den restlichen Pistazien und der Minze garnieren.

10 min | einfach | 2

Bibliografische Information der Deutschen Nationalbibliothek
Die Deutsche Nationalbibliothek verzeichnet diese Publikation
in der Deutschen Nationalbibliografie. Detaillierte bibliografische Daten sind im Internet über
http://d-nb.de abrufbar.

Das schnelle Küche Kochbuch für Zwei – 100 köstliche und einfache Turborezepte für jede Tageszeit und jeden Anlass. Inkl.
Lebensmittelguide, Nährwertangaben und Meal Prep Ratgeber.

1. Auflage



## Impressum

Manuel Garcia wird vertreten durch: Daniel Nagel
Kronengasse 2
73033 Göppingen
Baden-Württemberg
Email: fus.danielnagel@gmail.com

Korrektorat/Lektorat: Cairn von Fiverr
Covergestaltung: Olinart von Fiverr und Daniel Nagel
Druck: Amazon Distribution GmbH, Leipzig

Printed in Poland

Printed in Germany
by Amazon Distribution
GmbH, Leipzig

28380113R00079